Lumen

De viaje con Quino

Título de la edición original: *In viaggio con Mafalda*
Edición a cargo de Ivan Giovannucci y Rosangela Percoco
© Joaquín Salvador Lavado, Quino, 2004/CAMINITO S.a.s.

de esta edición
De viaje con Quino
© Joaquín Salvador Lavado, Quino, 2004

Prólogo
Ivan Giovannucci

Traducción de las páginas de introducción
Silvia Serra

Diseño de cubierta
Departamento de diseño de Penguin Random House Grupo Editorial, S.A.U.

Publicado por
Lumen (Penguin Random House Grupo Editorial, S.A.U.) Travessera de Gràcia, 47-49, 08021 Barcelona

Tercera edición: junio de 2014

Fotocomposición
Parangona Realització Editorial, S.L.

Impresión
Reinbook (Molins de Rei, Barcelona)

ISBN: 978-84-264-1453-3
Depósito Legal: B-49.550-2007

Impreso en España - *Printed in Spain*

H 4 1 4 5 3 2

De viaje con Quino

Índice

1964 – 2004: Mafalda cumple cuarenta años.

Para celebrarlo, nada mejor que un nuevo libro de Quino, su creador.

Un libro que es un viaje. Un viaje hecho de muchos viajes. Todos firmados por Quino.

Viajes que nos cuentan *Cómo éramos*, hace ahora mucho, muchísimo tiempo, según Quino naturalmente, dispuesto a decirnos algo que no tiene que ver sólo con nuestro pasado más remoto.

Y viajes *A los confines de la realidad,* e incluso *Misterios,* que luego, bien mirados, no son tan misteriosos.

Viajes *Para atrapar al vuelo,* esos para los que se necesitan alas por fuera, y sobre todo por dentro.
Viajes *A la mesa, o casi…* y sobre todo casi.
Viajes a la cultura, viajes matrimoniales, viajes… hasta el último, el último viaje, se entiende: el definitivo.

Pero nada de lágrimas, no están previstas.

Y entre los muchos viajes, también uno al mundo de Mafalda, tan rico como los mundos de todos los niños, incluso un poco más.

¿Algo que decir de la sopa? Mafalda hablaría de ella con gusto, si eso sirviera para no tener que comérsela.
Y luego, más o menos por orden de aparición:

del mapamundi, reproducción del maltratado original;
de la televisión, que encendida o apagada es prácticamente lo mismo;
de la escuela, que hace lo que puede para competir con la sopa y la televisión;
del juego, que es una cosa muy seria;
de los Beatles, que no son cuatro mitos cualesquiera;
de los deberes, ¿algo que decir en su defensa?
de paz, de preguntas, de mamá y papá: todos temas candentes.

Quién sabe adónde nos van a llevar estos viajes.

Pero un viajero de verdad no se lo pregunta.

Un viajero de verdad, se marcha. Para empezar, se marcha.

Ivan Giovannucci

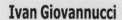

Quino

Su nombre es Joaquín Salvador Lavado Tejón, pero desde siempre es Quino para la familia. Nace en Mendoza, en Argentina, el 17 de julio de 1932.

Cuando aún es un niño muestra aptitudes para el dibujo, y a los catorce años se matricula en la Escuela de Bellas Artes. Pero su verdadera pasión son las revistas de humor, y a los dieciséis años abandona la escuela para trabajar como dibujante de viñetas.

Con la firme intención de realizar su sueño, se traslada a Buenos Aires para buscar una editorial dispuesta a publicar sus dibujos.

Pasan tres años antes de que el semanario *Esto es* publique sus primeros trabajos.

Ése es, en palabras de Quino, el momento más feliz de su vida.

Desde entonces, muchísimas personas en muchos países distintos disfrutan de sus dibujos.

Su trazo es sutil y preciso, realizado con la paciencia digna de un monje. Sus dibujos son en riguroso blanco y negro, "quizá porque veo el mundo en líneas", explica Quino, quizá porque sólo los grandes saben conjugar tan bien lo esencial con la expresividad.

En 1960 se casa con Alicia Colombo, nieta de emigrantes italianos y licenciada en química.

En 1964 se publican en Argentina las primeras tiras de Mafalda.

Actualmente Quino divide su tiempo entre su país de origen y España, Francia e Italia.

Viaja mucho y tiene interés por el teatro, por el cine, por la literatura, por todo.

Sus tiras se publican en centenares de revistas y periódicos de medio mundo. Por eso su decisión de 1973 parece desconcertante: ese año Quino deja de dibujar las tiras de Mafalda, haciendo excepción sólo en alguna ocasión extraordinaria, como la campaña Unicef 1977 para la Declaración de los Derechos del Niño.

Desde entonces se dedica exclusivamente a sus otras viñetas. A pesar de ello, su decisión no ha logrado hacer salir de escena a Mafalda, que está más viva que nunca y sigue caminando sola como todas las cosas grandes y auténticas.

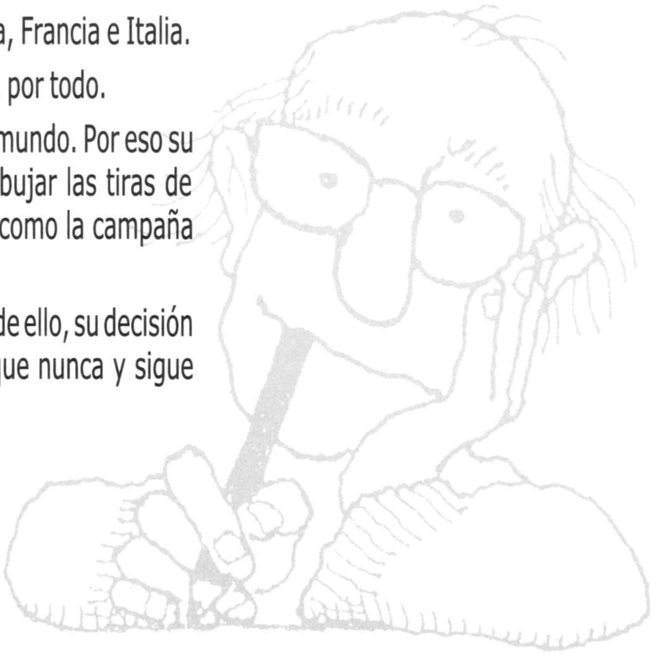

El mundo de Quino

No hay que dejarse engañar por el trazo simple, redondo y delicado que utiliza Quino para fijar sus imágenes sobre el papel. Han definido su humor como "ingenuo y atroz", y con mucha razón.

Lo suyo no son chistes, ni fábulas ni caricaturas.

Y si algo nos hace reír, no son desde luego ciertos horrores del mundo, sino más bien la mirada severa y al mismo tiempo socarrona que Quino nos presta para que nos enfrentemos a nuestro modo de vivir y a sus consecuencias.

Quino lo sabe y lo dice: "Mi relación con el mundo es de sufrimiento, porque todo lo que ocurre en él es horrible".

Y sus dibujos expresan esta relación: el disgusto que le provoca la hipocresía, la banalidad en las relaciones, la "adultez" cuando es sinónimo de tontería y falta de sentido común, los amos de la Tierra que pisotean los derechos de los más débiles, y la guerra, que es la máxima expresión de la idiotez humana.

Un mundo simple y complejo a la vez, el que ilustra Quino.

Porque el universo en el que Mafalda vive, piensa, protesta y se rebela es tan cotidiano... tan cotidiano que no puede serlo más: las habitaciones de su casa, la acera de su edificio, el aula.

Y sin embargo, el telón de fondo de ese pequeño mundo son los Beatles, la guerra de Vietnam, la revolución cultural, el conflicto de Oriente Próximo y otros temas de mucho calado.

También por lo que respecta a su geografía, Quino mira tan lejos como los grandes maestros, los que saben fotografiar nuestros pequeños rincones poniendo el mundo entero como escenario.

El estilo de Quino

El máximo de la expresividad dentro de un escenario esencial. Pocos trazos para crear un ambiente; a veces, le basta un mapamundi. Pocas palabras para decir muchísimo; a veces, le basta el silencio.

1158

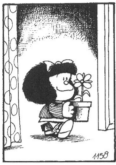

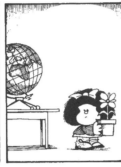

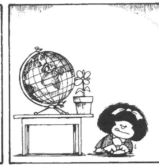

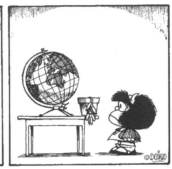

Quino hace actuar con maestría a sus personajes en una escenografía doméstica y cotidiana, en la que nos reconocemos y que unas veces nos gusta por su familiaridad, y otras nos disgusta... por su familiaridad.

Cuando los lugares de la casa son un poco más detallados es porque sirven para relatar el transcurso del tiempo y un espacio más largo, nada más.

La modalidad que Quino utiliza más a menudo es la de las cuatro viñetas por tira, pero también pueden ser dos, tres, cinco, seis o incluso ocho o nueve, si de lo que se trata es de mostrar las distintas reacciones de un padre leyendo el periódico.

1858
¡AAAH!¡AHORA, LO DICEN!¿POR QUÉ NO LO DIJERON CUANDO ESTABAN EN EL GOBIERNO?
¡ELLOS, JÍH-JÍH, ELLOS SANEAR LA ECONOM.JÍH-JÍH-JÍH!
¡PERO HAY QUE SER CARADUR...! ¡PERO POR FAV...
?
¡TENÍAS RAZÓN, ES GENIAL!
¡Y NO HAY QUE AGUANTAR LA PUBLICIDAD!
¡NI GASTAR CORRIENTE!
¿NO LES DIJE QUE ES MEJOR QUE LA TV?

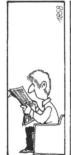

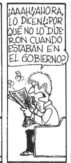

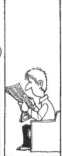

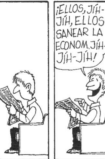

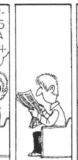

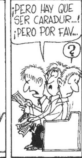

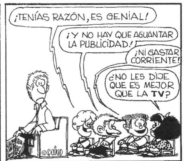

A veces Quino prefiere mantener el mismo encuadre durante muchas viñetas, incluso todas, e excepción de la última. También nos sorprende a menudo con hallazgos gráficos insólitos.

1647
MAFADDA
CUANDO UN PAÍZ ZE GAZTA, ¿ADÓNDE LO TIDAN?

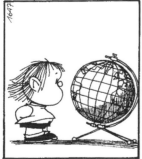

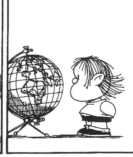

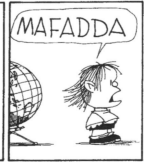

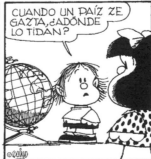

Hay quienes definen su estilo como "cinematográfico". Es cierto. Es como si proyectara una película: cada viñeta, un encuadre; cada encuadre, un pedacito de mundo.

De viaje con Quino

Quino humor

Quino

De viaje

Cómo éramos

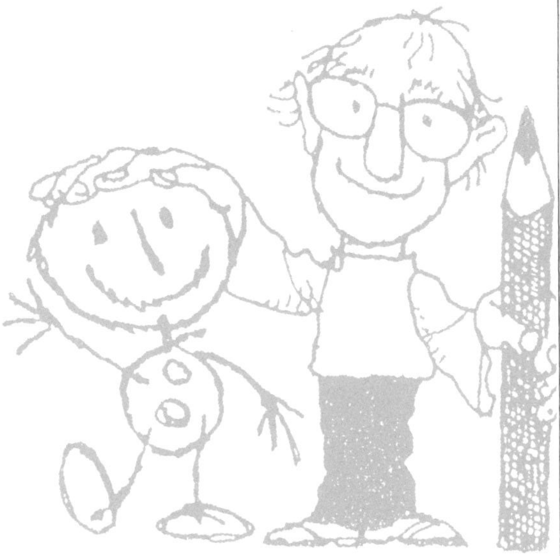

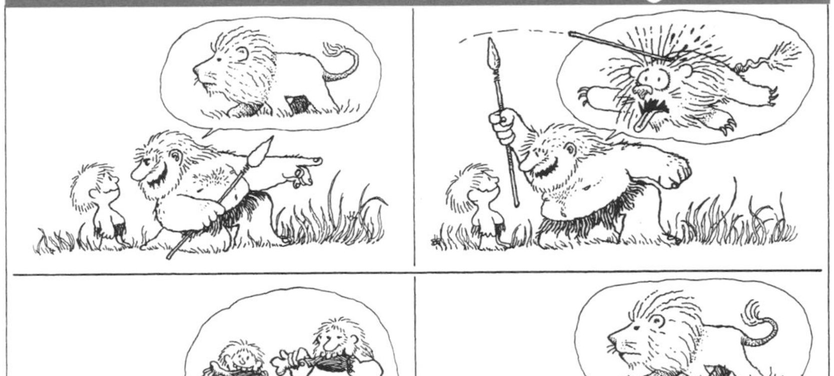
©QUINO

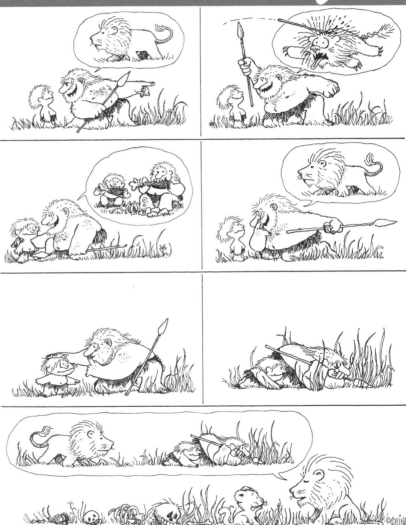

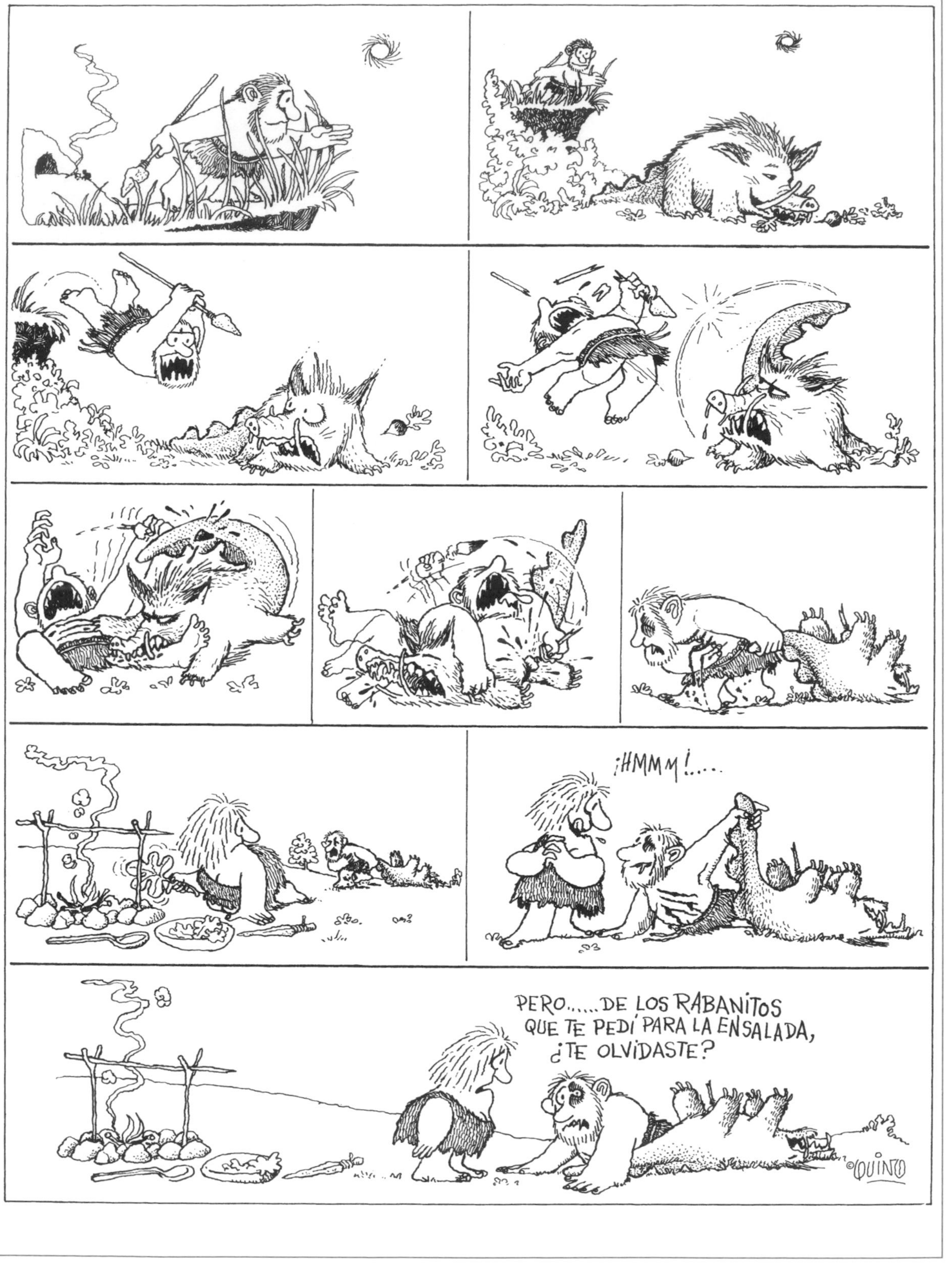
¡HMMM!....
PERO.....DE LOS RABANITOS QUE TE PEDÍ PARA LA ENSALADA, ¿TE OLVIDASTE?
©QUINO

De viaje
Cómo éramos

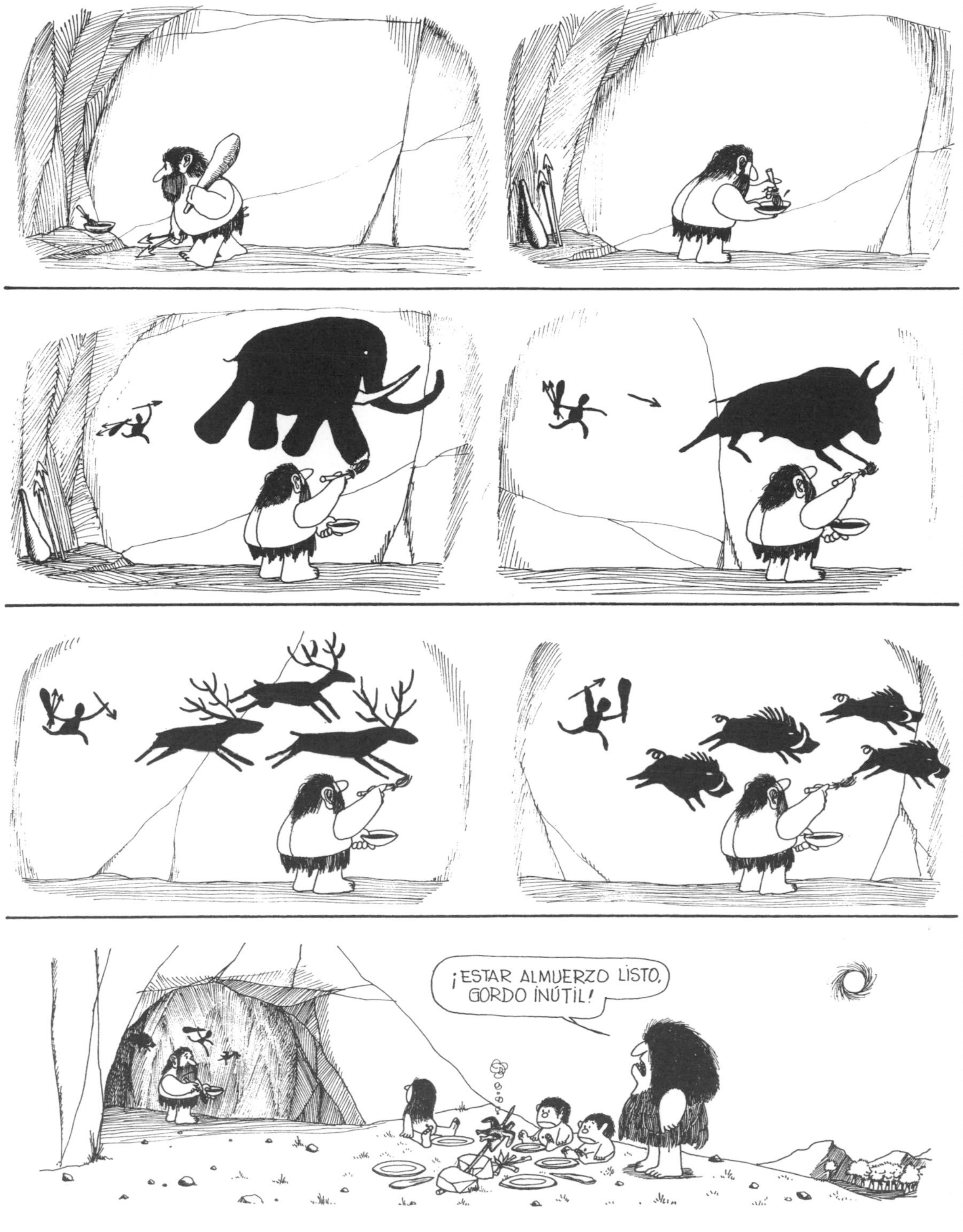
¡ESTAR ALMUERZO LISTO, GORDO INÚTIL!

¡USTEDES NO SER NADA AQUÍ PORQUE USTEDES NO REPRESENTAR AL PUEBLO!
¡LOS ÚNICOS QUE REPRESENTAR AQUÍ AL PUEBLO SER NOSOTROS!
¿USTEDES? ¡MENTIRA! ¡AQUÍ EL PUEBLO ESTAR CON NOSOTROS PORQUE NOSOTROS SER EL PUEBLO!
¡¡JÁH!! ¡¡NOSOTROS DEMOSTRAR QUIÉN SER AQUÍ MÁS PUEBLO!!
TURISMO
¿Y AQUÍ QUÉ HABÍA?
UN PUEBLO

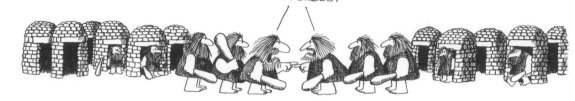

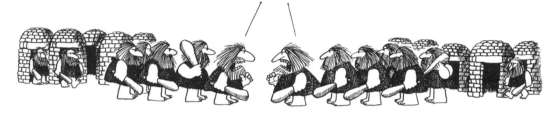

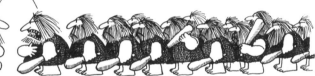

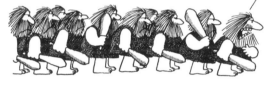

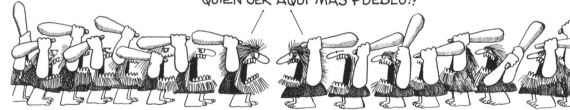

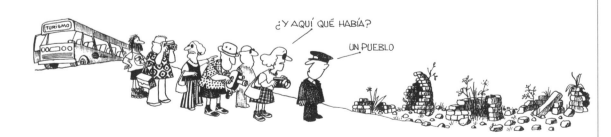

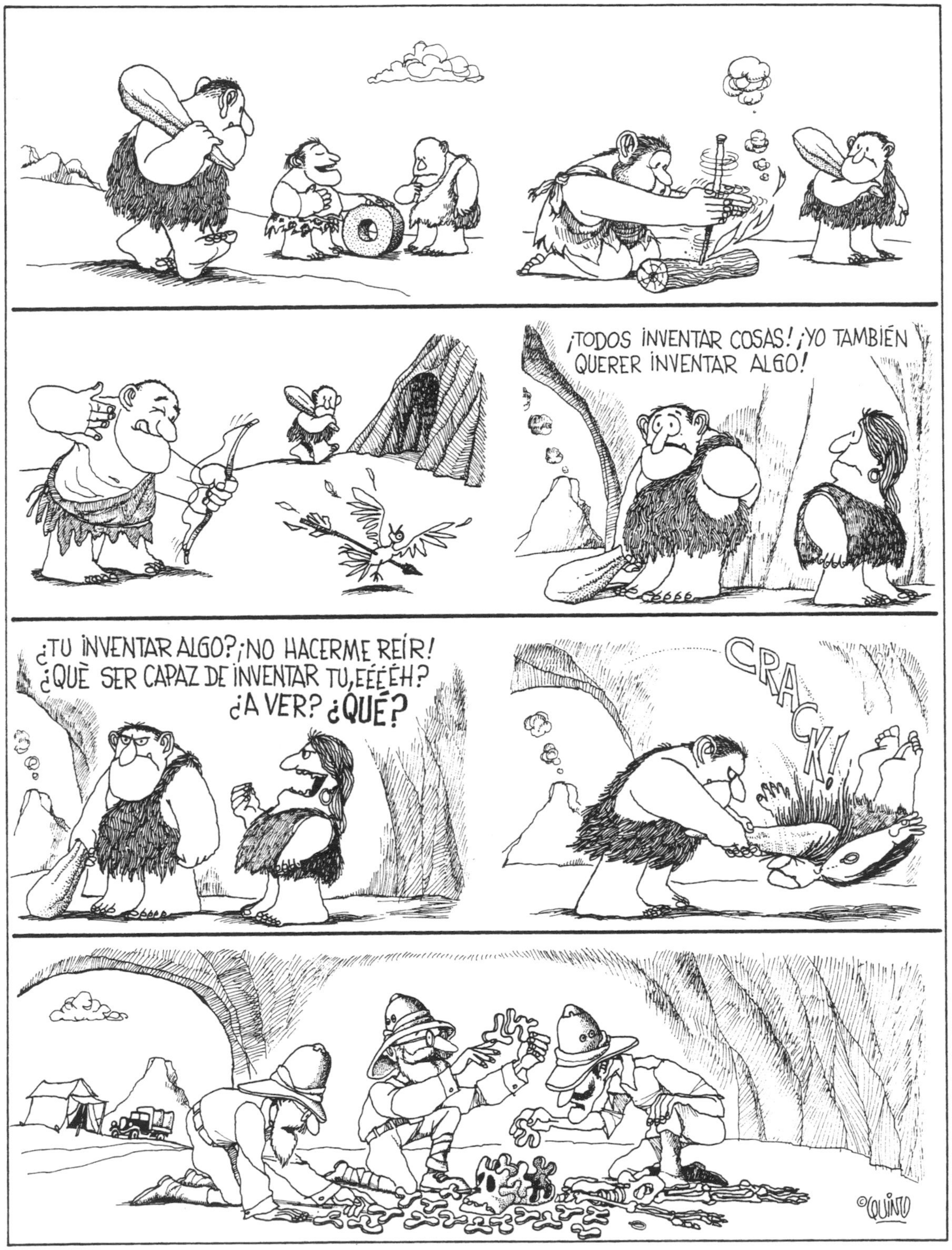
¡TODOS INVENTAR COSAS! ¡YO TAMBIÉN QUERER INVENTAR ALGO!
¿TU INVENTAR ALGO? ¡NO HACERME REÍR! ¿QUÉ SER CAPAZ DE INVENTAR TU, EÉÉÉH? ¿A VER? ¿QUÉ?
CRACK!
©QUINO

QUINO

De viaje

A los confines de la realidad

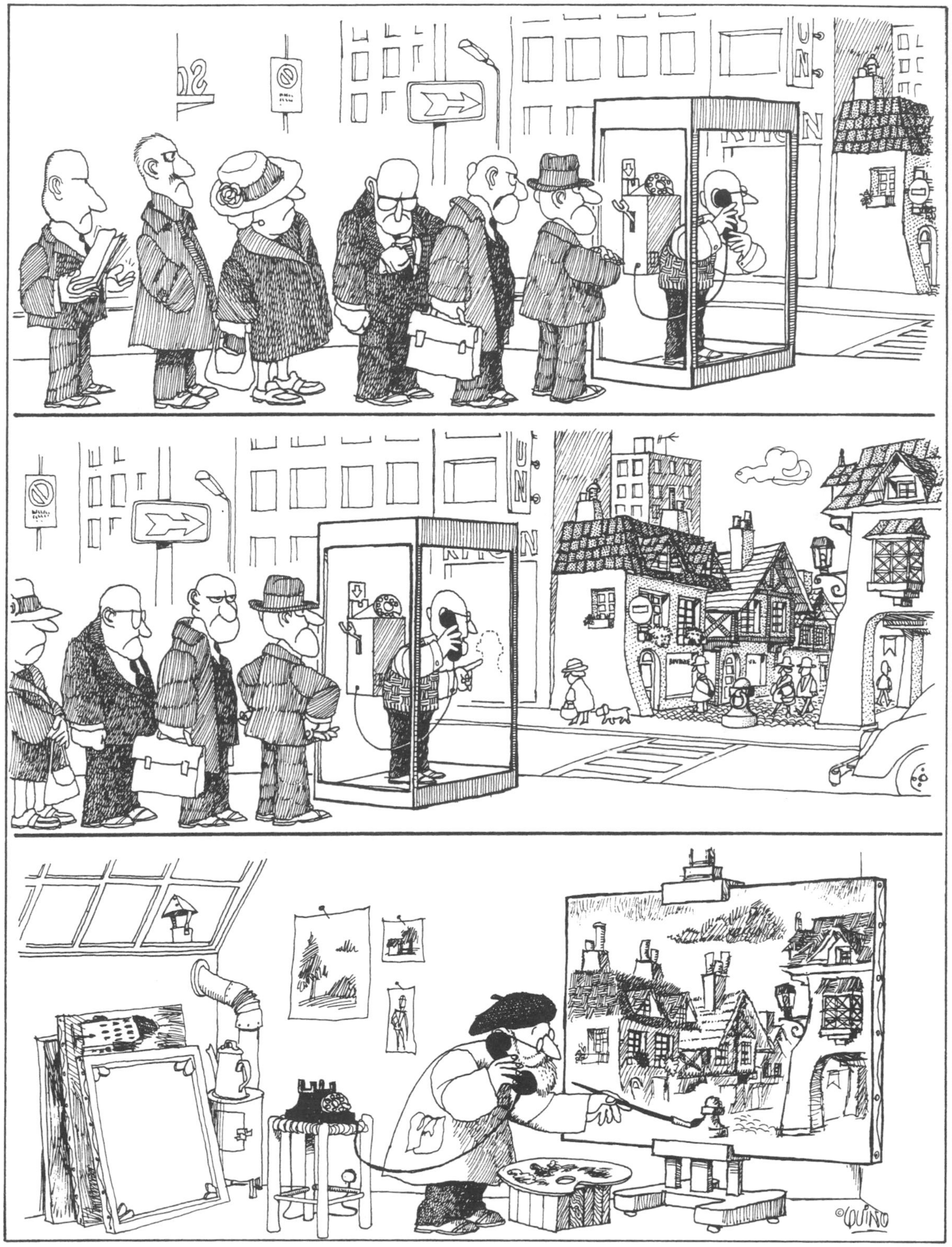
©QUINO

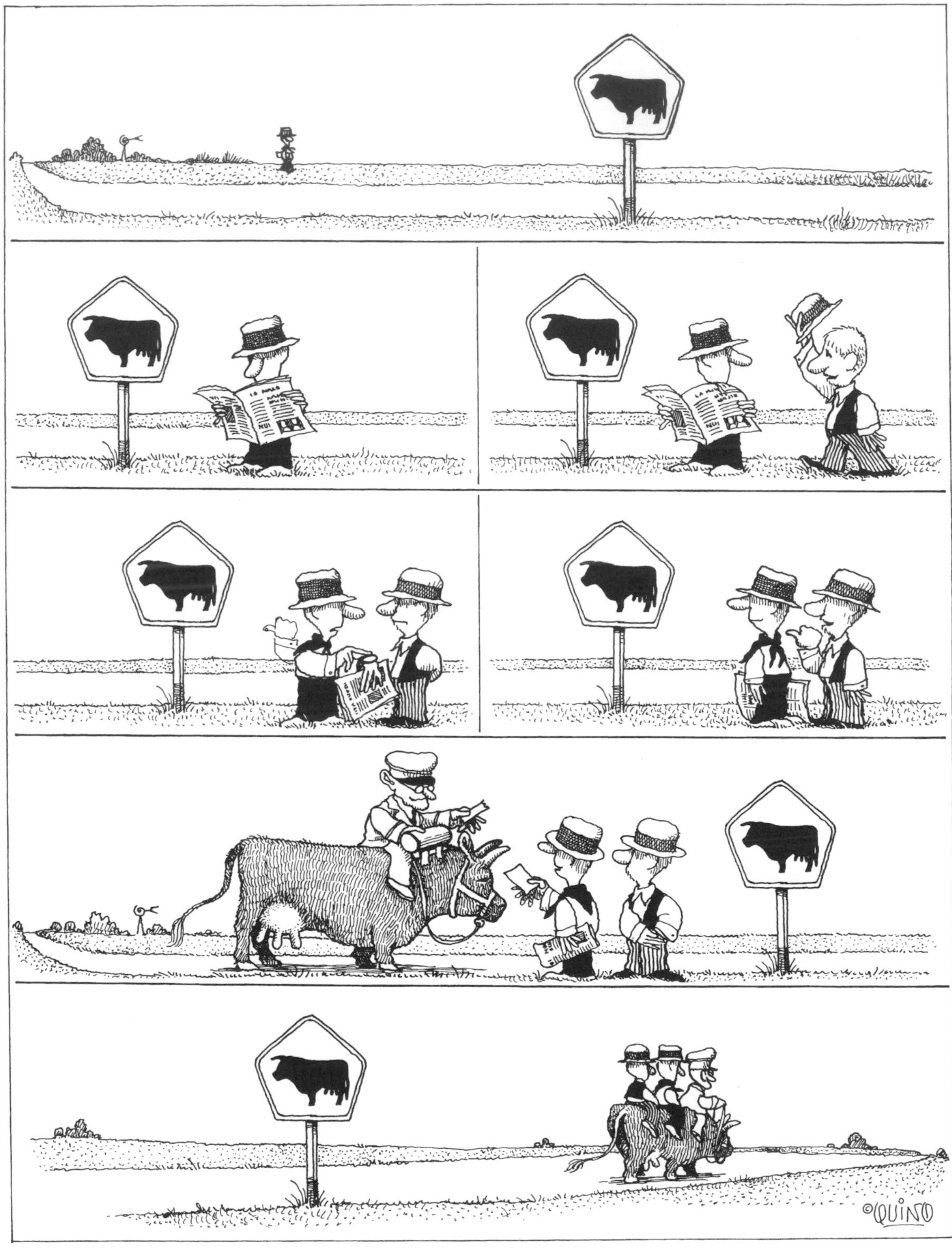
©QUINO

CAFE
BAR

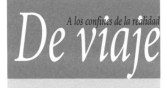

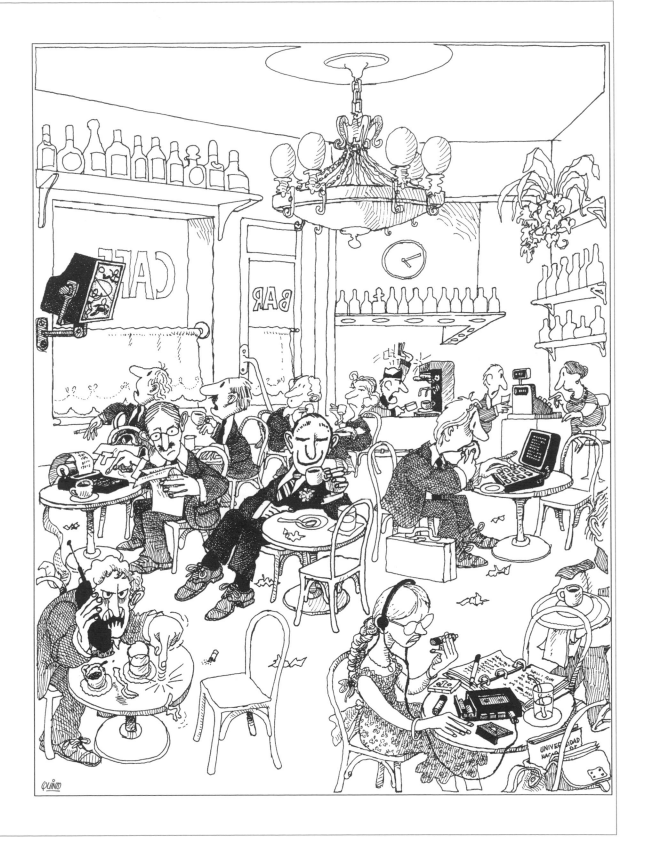

-SÉM, AQUÍ ESTOY,
EN LA PELUQ.....
¿HOLA?
©QUINO

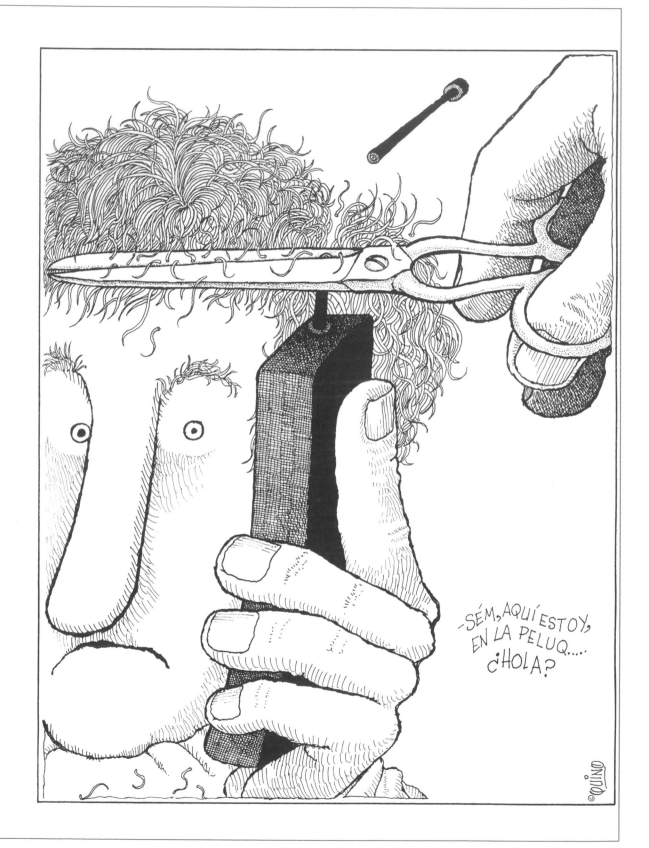

La isla que no existe

De viaje

©QUINO

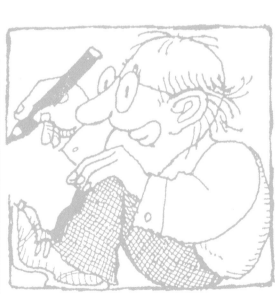

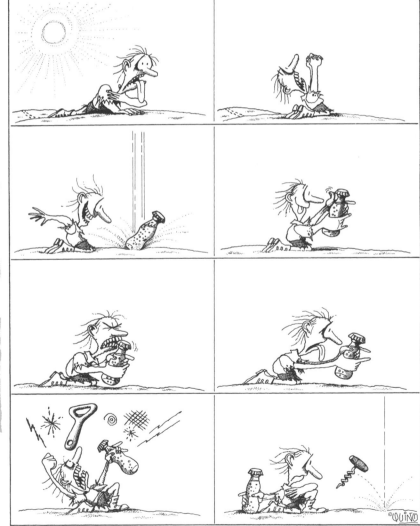

De viaje

La isla que no existe

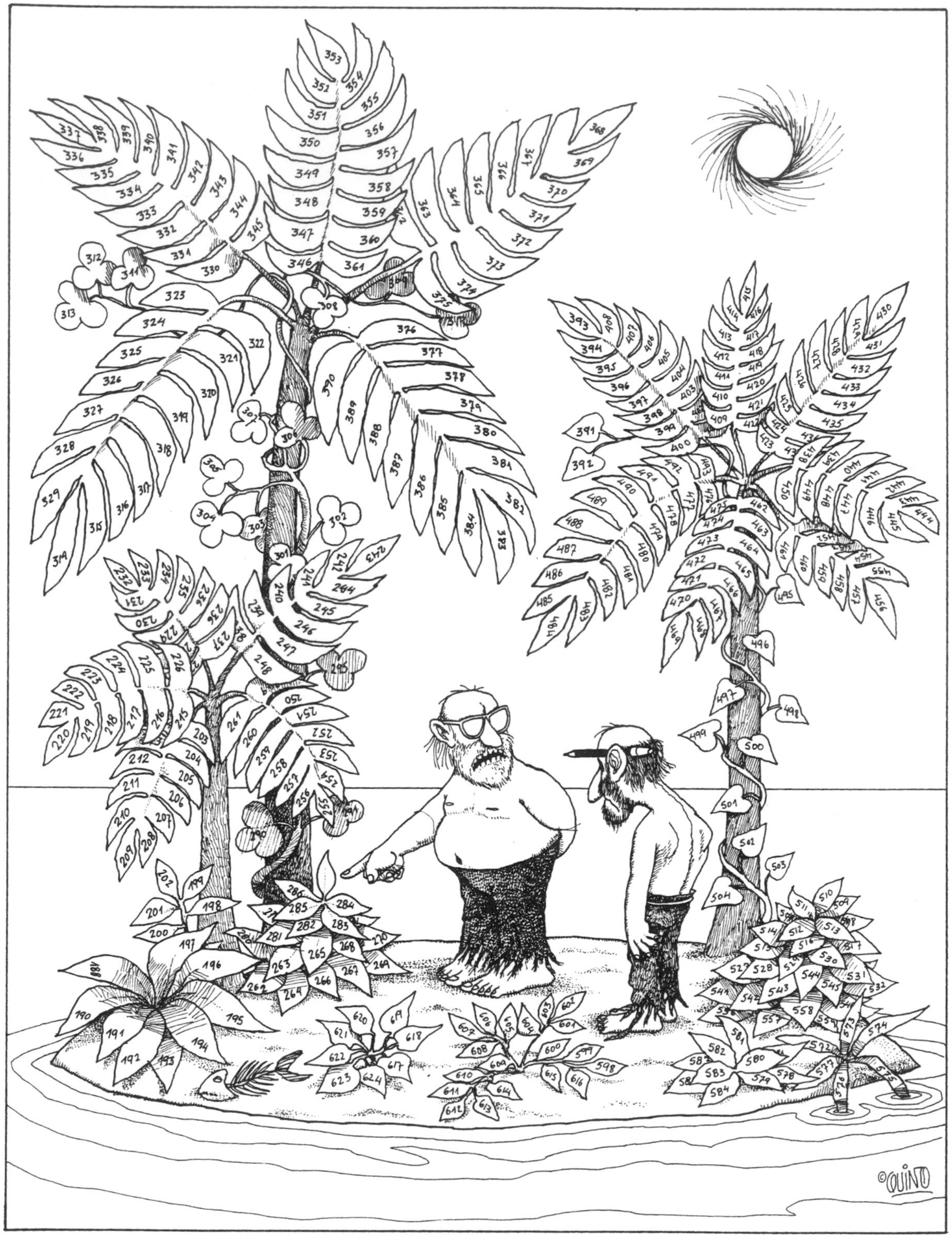
©QUINO

De viaje

La isla que no existe

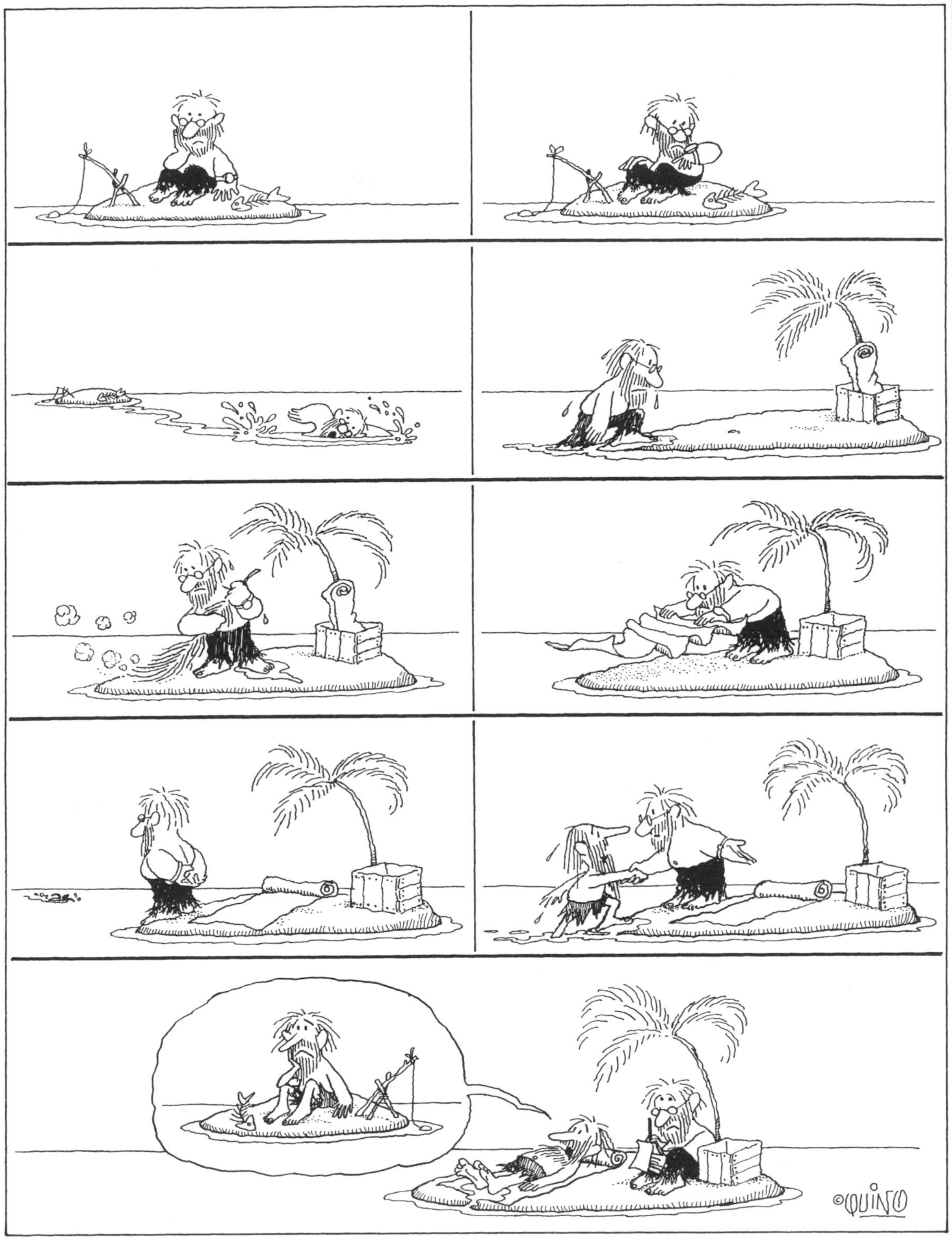
©QUINO

De viaje

La isla que no existe

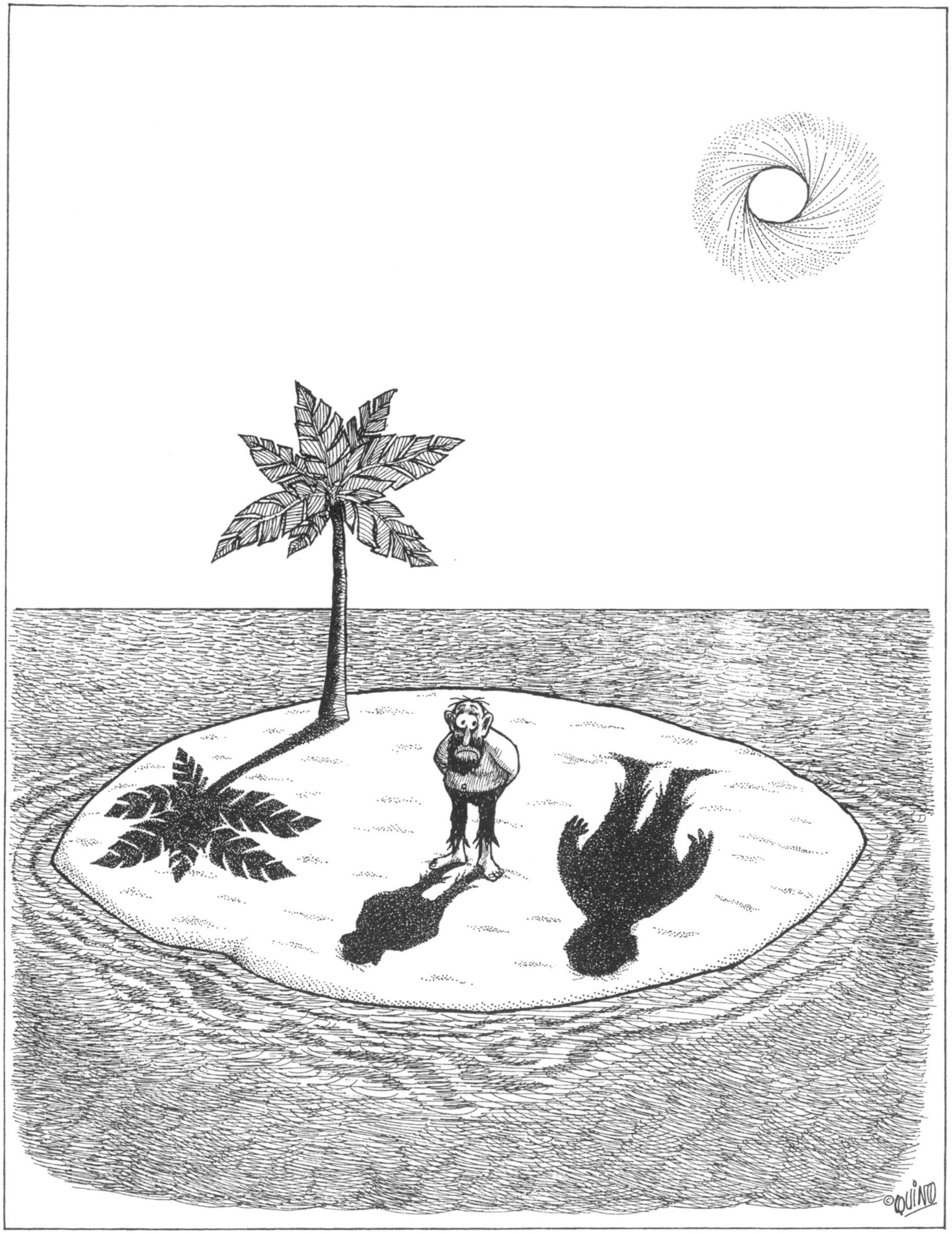
©QUINO

De viaje

La isla que no existe

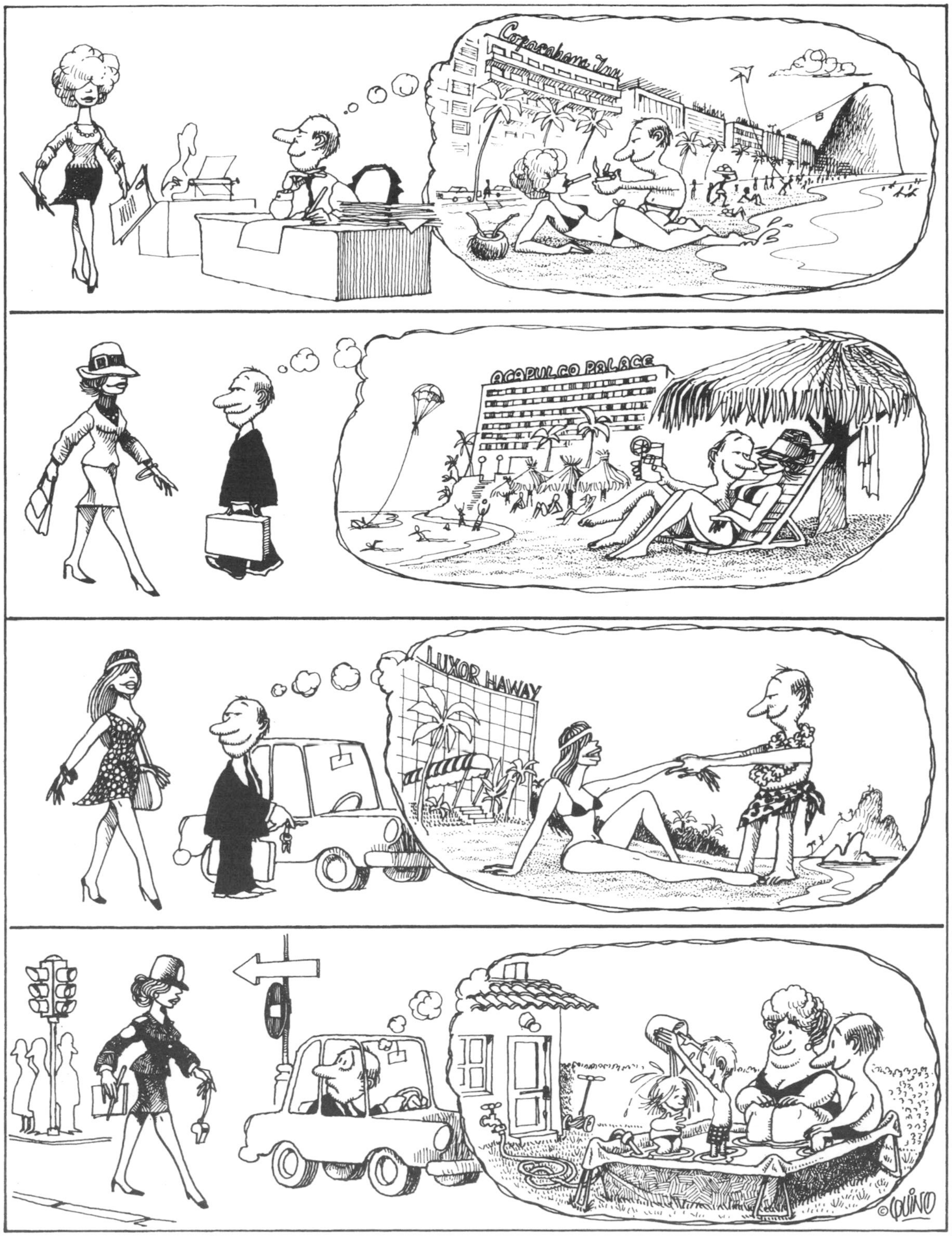
Copacabana Inn
ACAPULCO PALACE
LUXOR HAWAY
©QUINO

Quino

De viaje

Misterios

¡NO!
¡NO SACAR FOTO!
PERO...
¿POR QUÉ?
PORQUE FOTO BORRAR PERSONALIDAD
¿Y ASÍ TAMBIÉN FOTO BORRAR PERSONALIDAD?
TAMBIÉN, PERO YA QUE TÚ INSISTIR....
¡CLÍCK!
YO AVISAR

De viaje

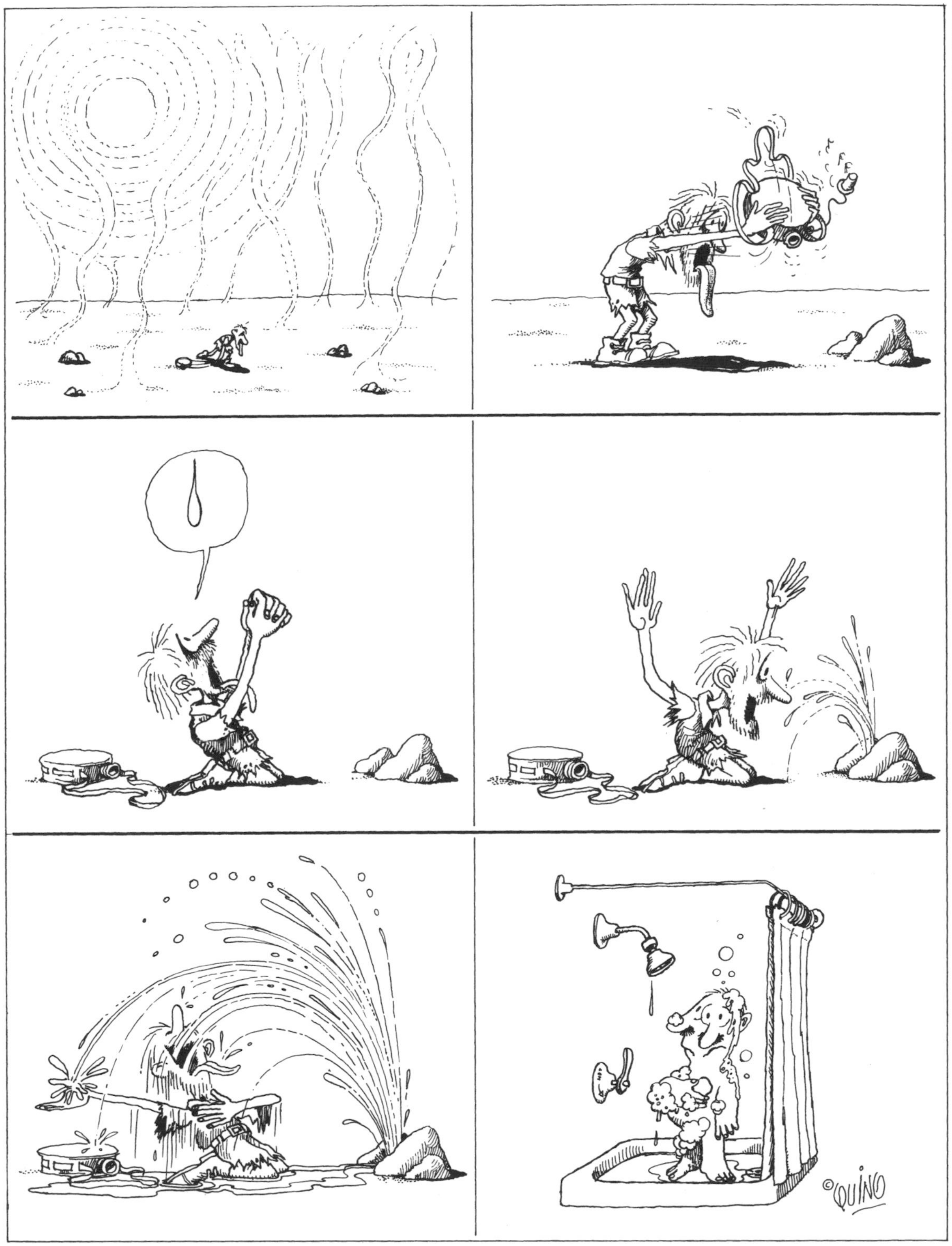
©QUINO

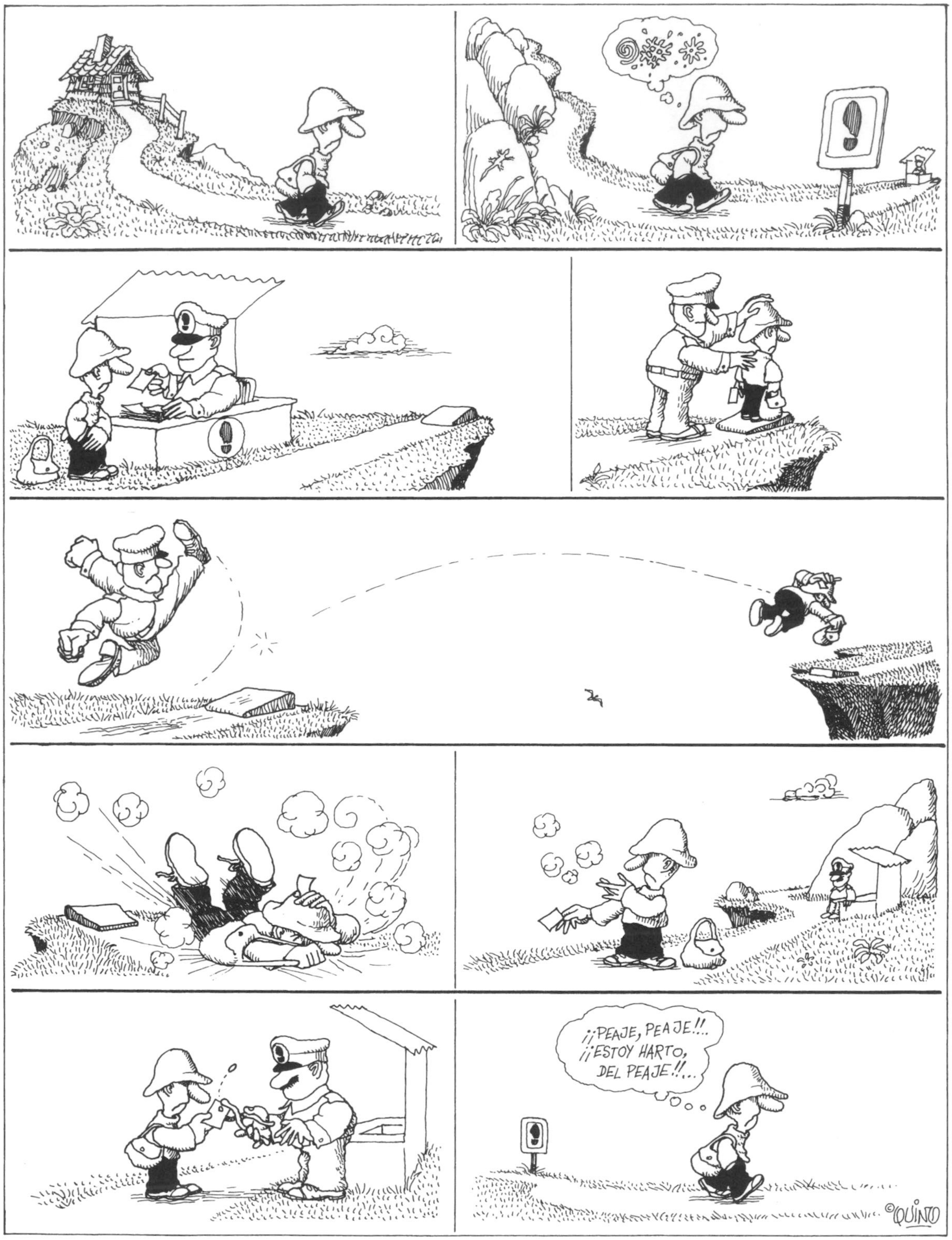
¡¡PEAJE, PEAJE!!..
¡¡ESTOY HARTO,
DEL PEAJE!!...
©QUINO

De viaje

Misterios

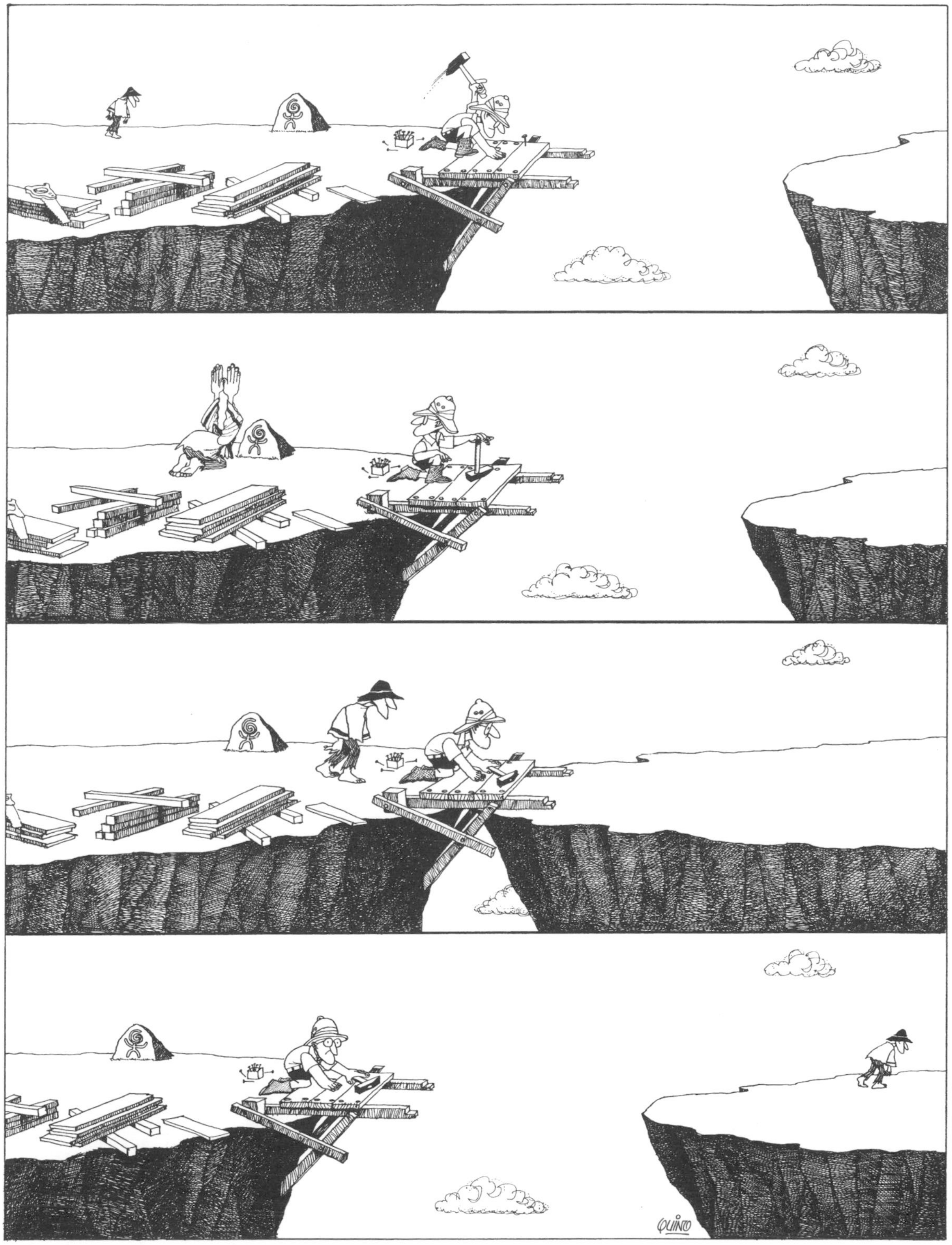
QUINO

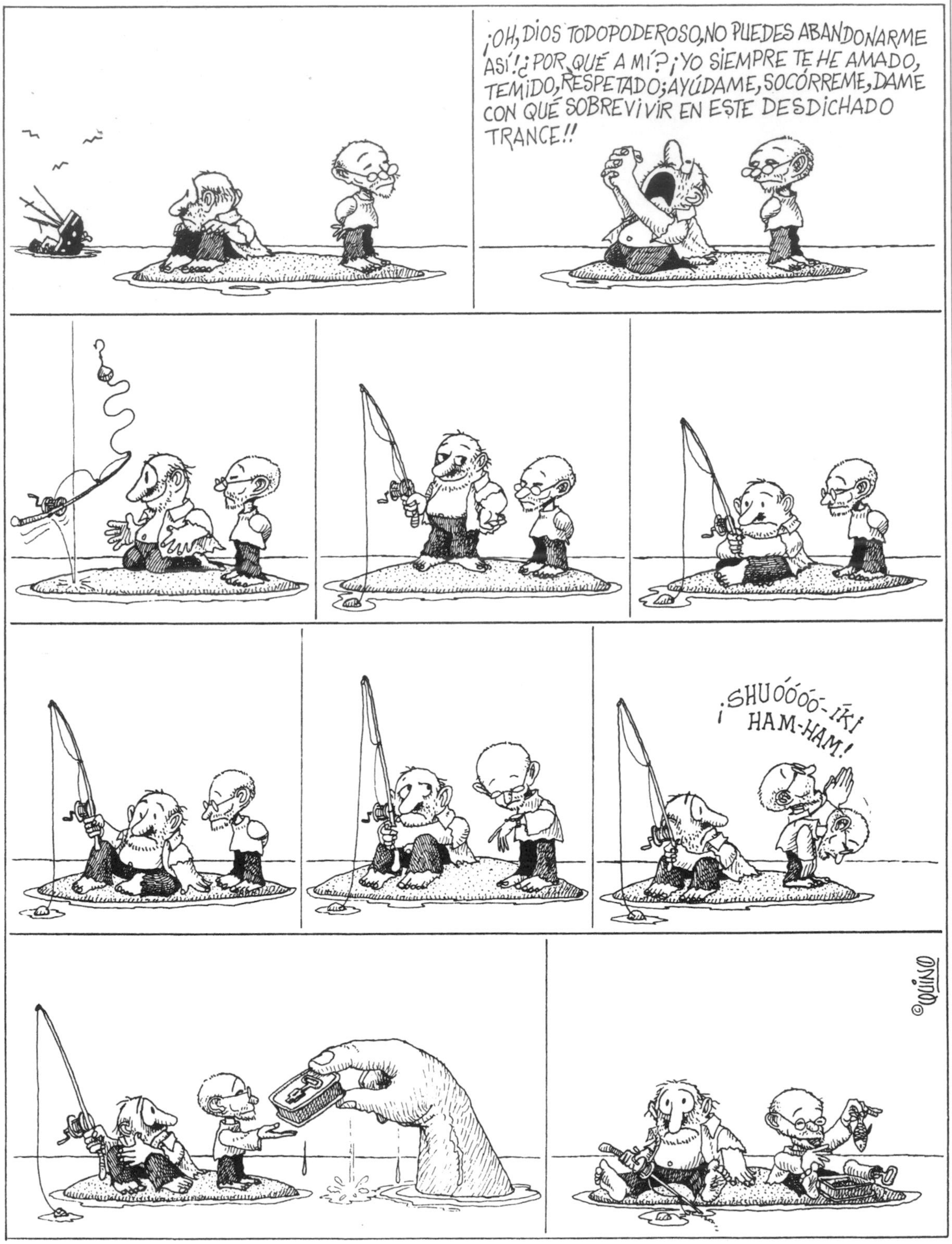
¡OH, DIOS TODOPODEROSO, NO PUEDES ABANDONARME ASÍ! ¿POR QUÉ A MÍ? ¡YO SIEMPRE TE HE AMADO, TEMIDO, RESPETADO; AYÚDAME, SOCÓRREME, DAME CON QUÉ SOBREVIVIR EN ESTE DESDICHADO TRANCE!!
¡SHUOÓÓÓ-IK! HAM-HAM!
©QUINO

QUINO

Para atrapar al vuelo

De viaje

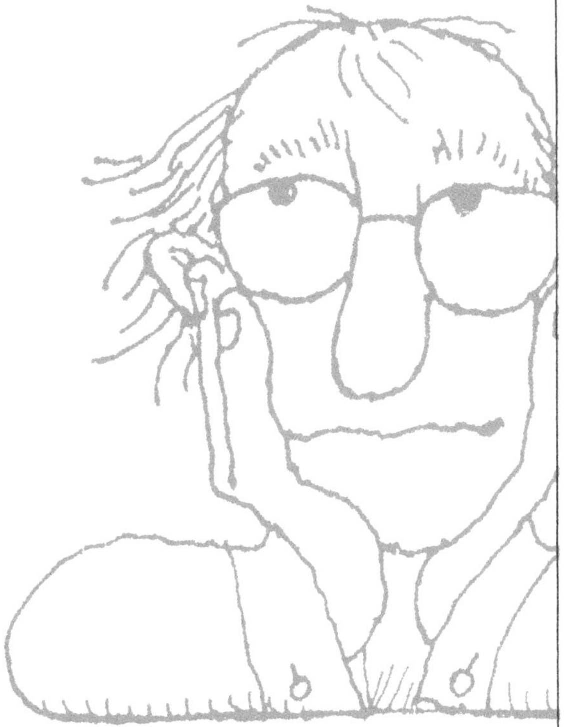

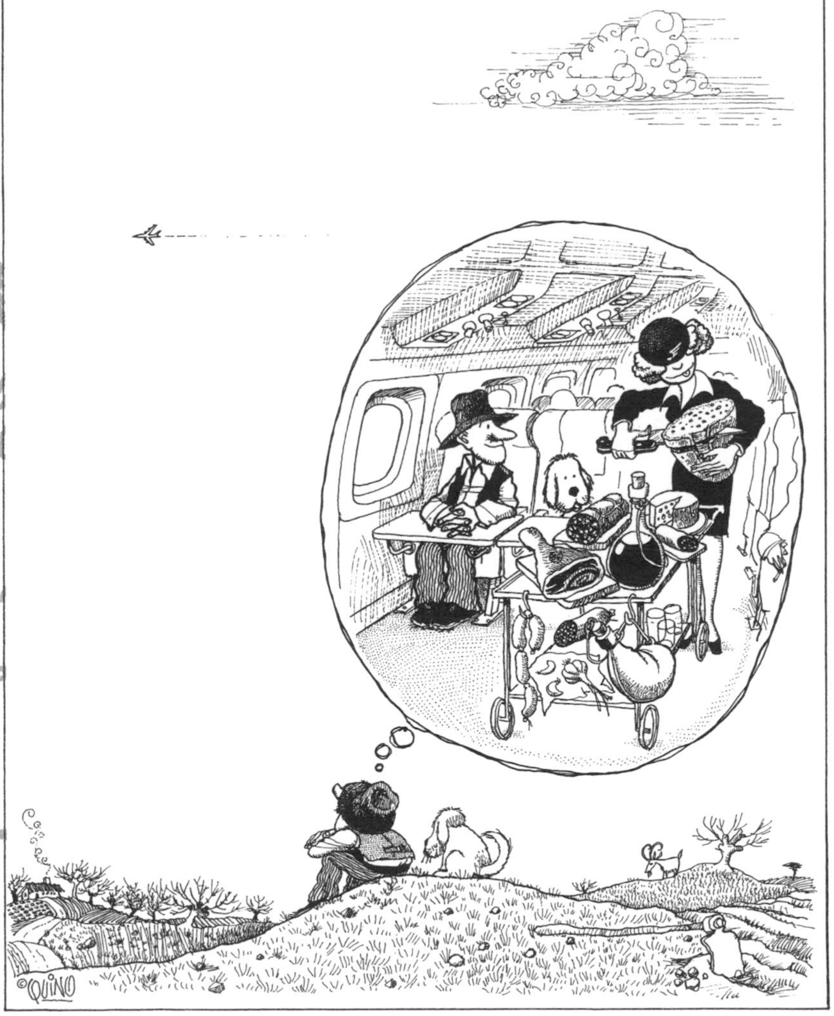
©QUINO

De viaje

Para atrapar al vuelo

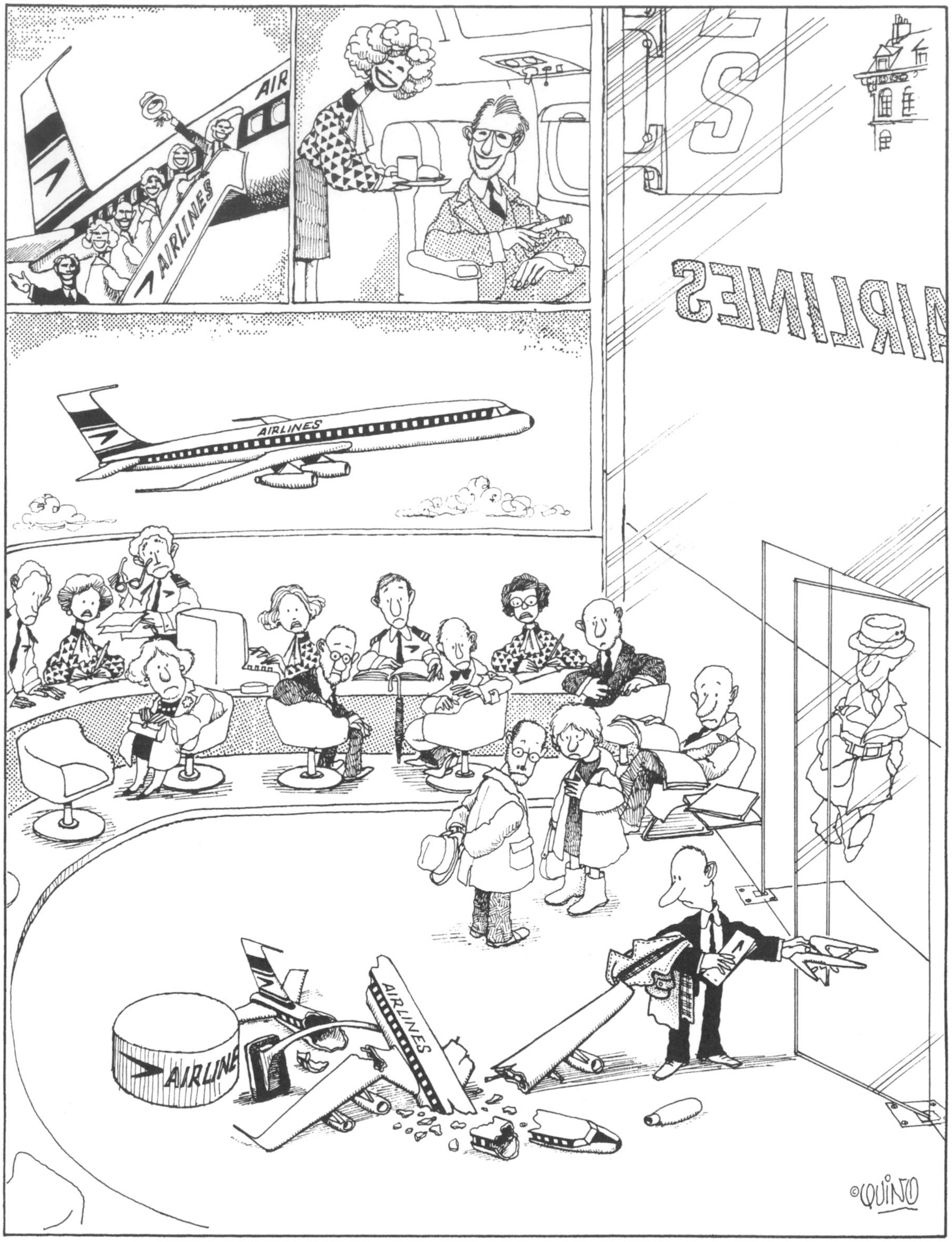
AIRLINES
AIRLINES
AIRLINES
AIRLINES
AIRLINE
©QUINO

De viaje

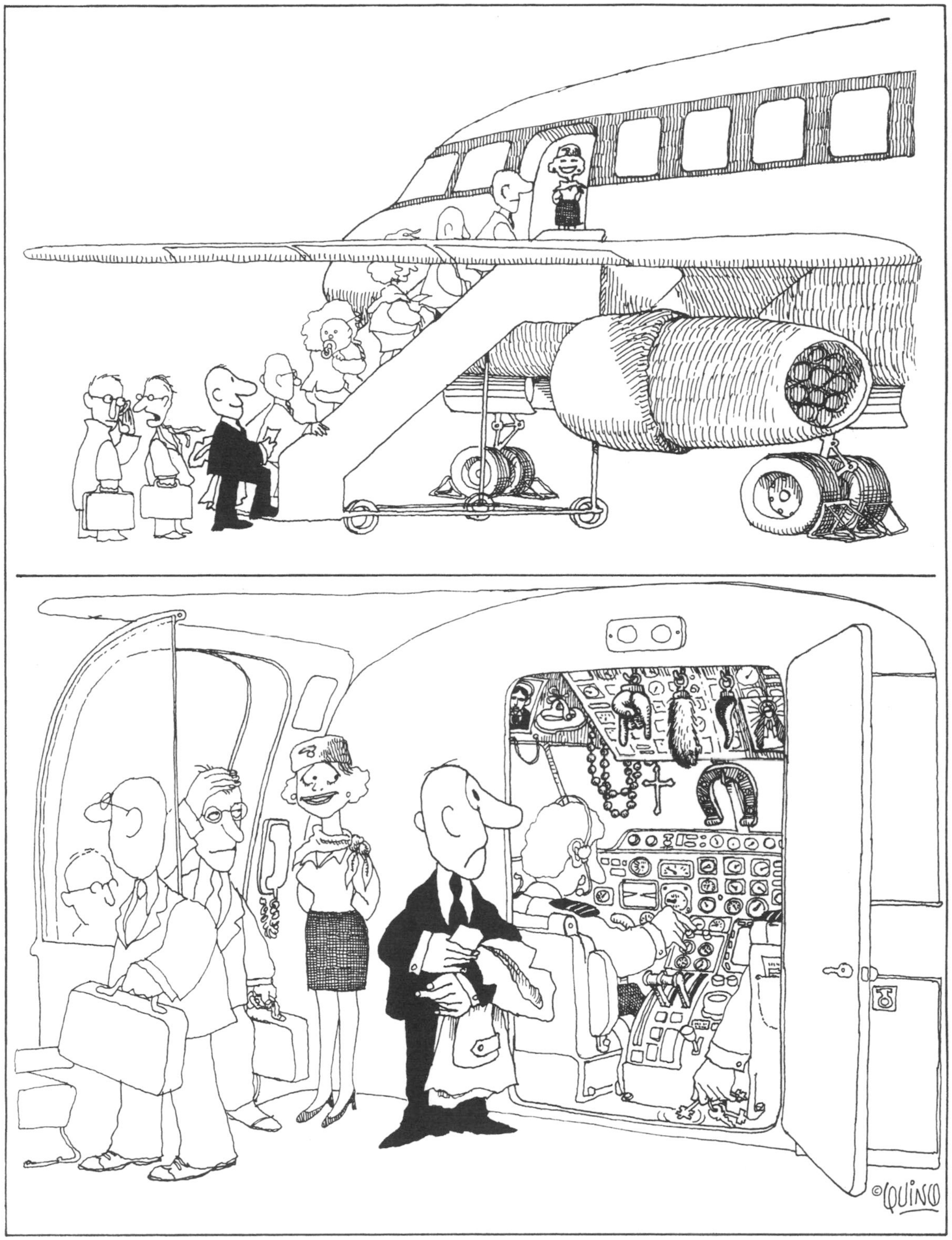
©QUINO

Para atrapar al vuelo

De viaje

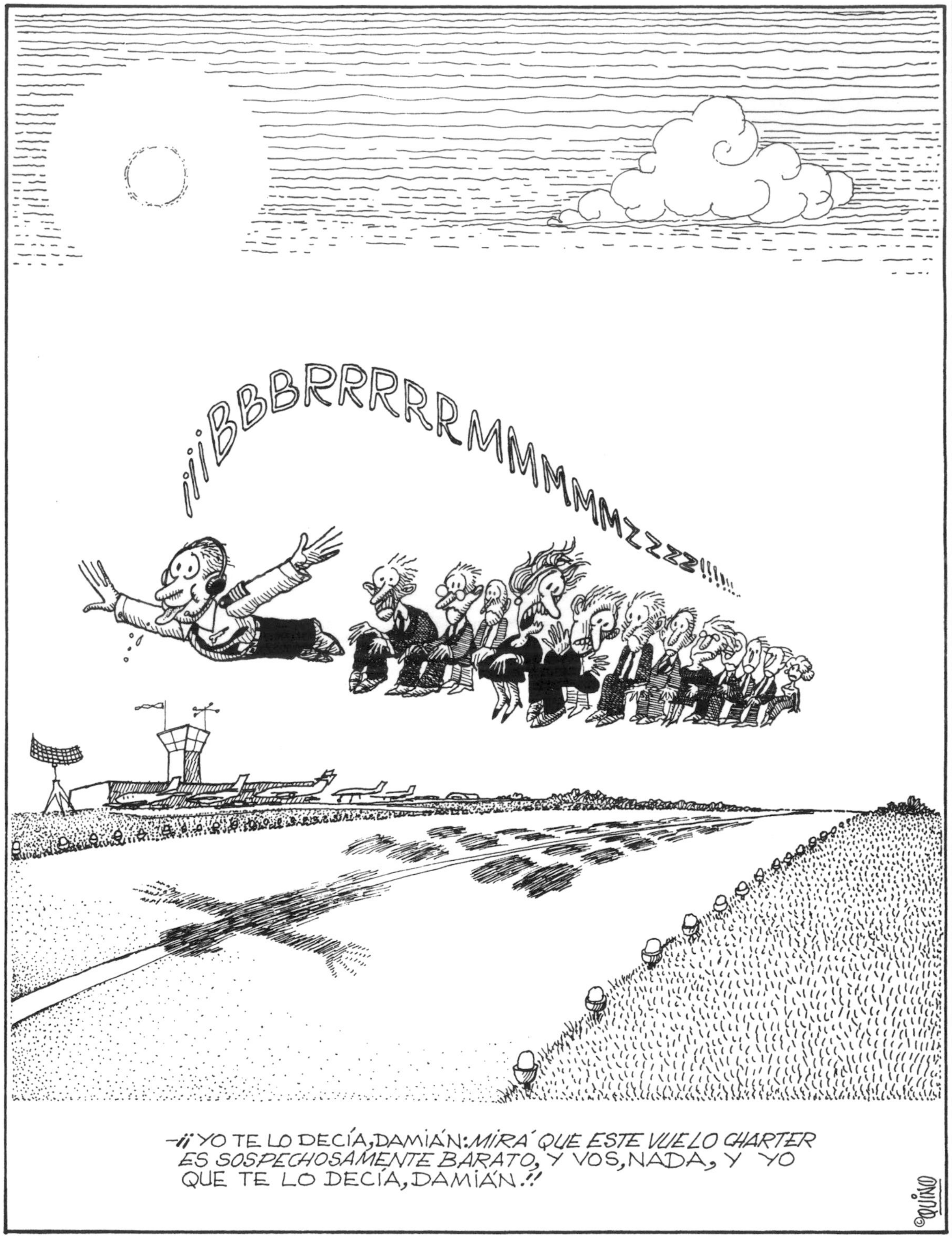
¡¡¡BBBRRRRRMMMMMZZZZ!!!!...
—¡¡ YO TE LO DECÍA, DAMIÁN: MIRÁ QUE ESTE VUELO CHARTER ES SOSPECHOSAMENTE BARATO, Y VOS, NADA, Y YO QUE TE LO DECÍA, DAMIÁN.!!
©QUINO

De viaje

Para atrapar al vuelo

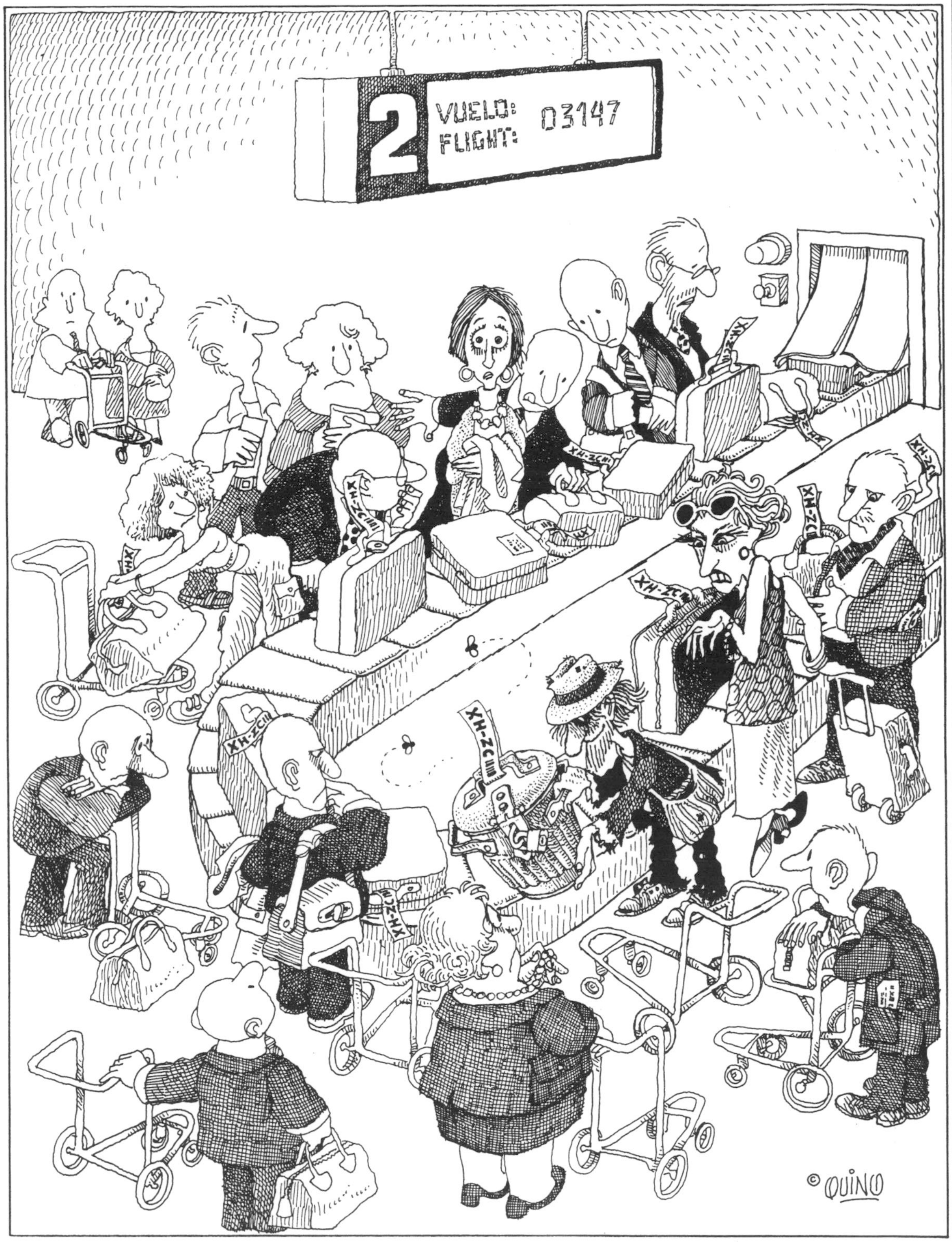
2
VUELO: 03147
FLIGHT:
© QUINO

Quino

De viaje

A la mesa... o casi

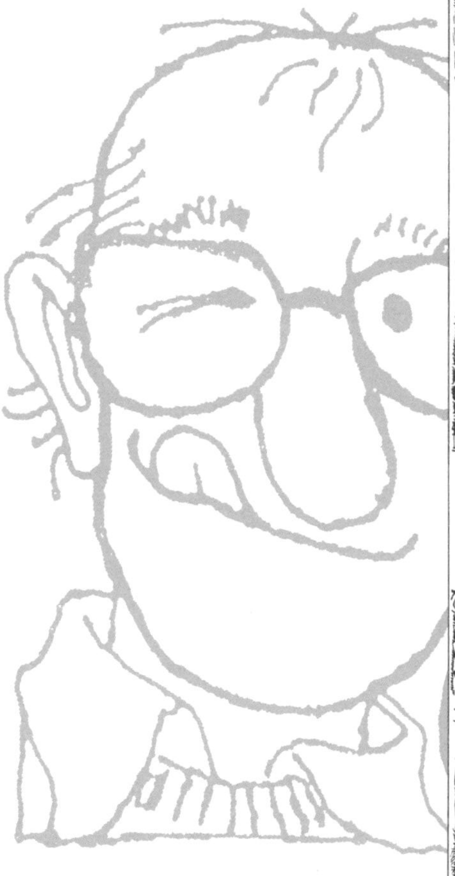

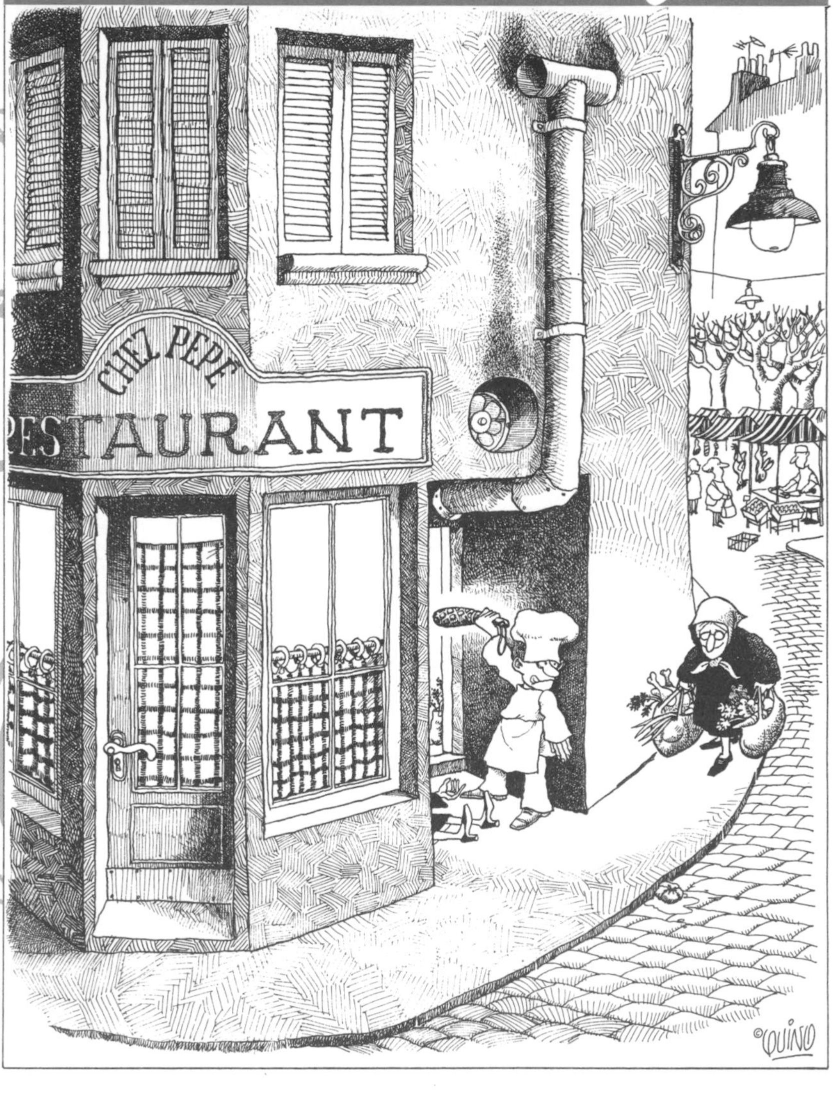
CHEZ PEPE
RESTAURANT
©Quino

A la mesa...o casi

De viaje

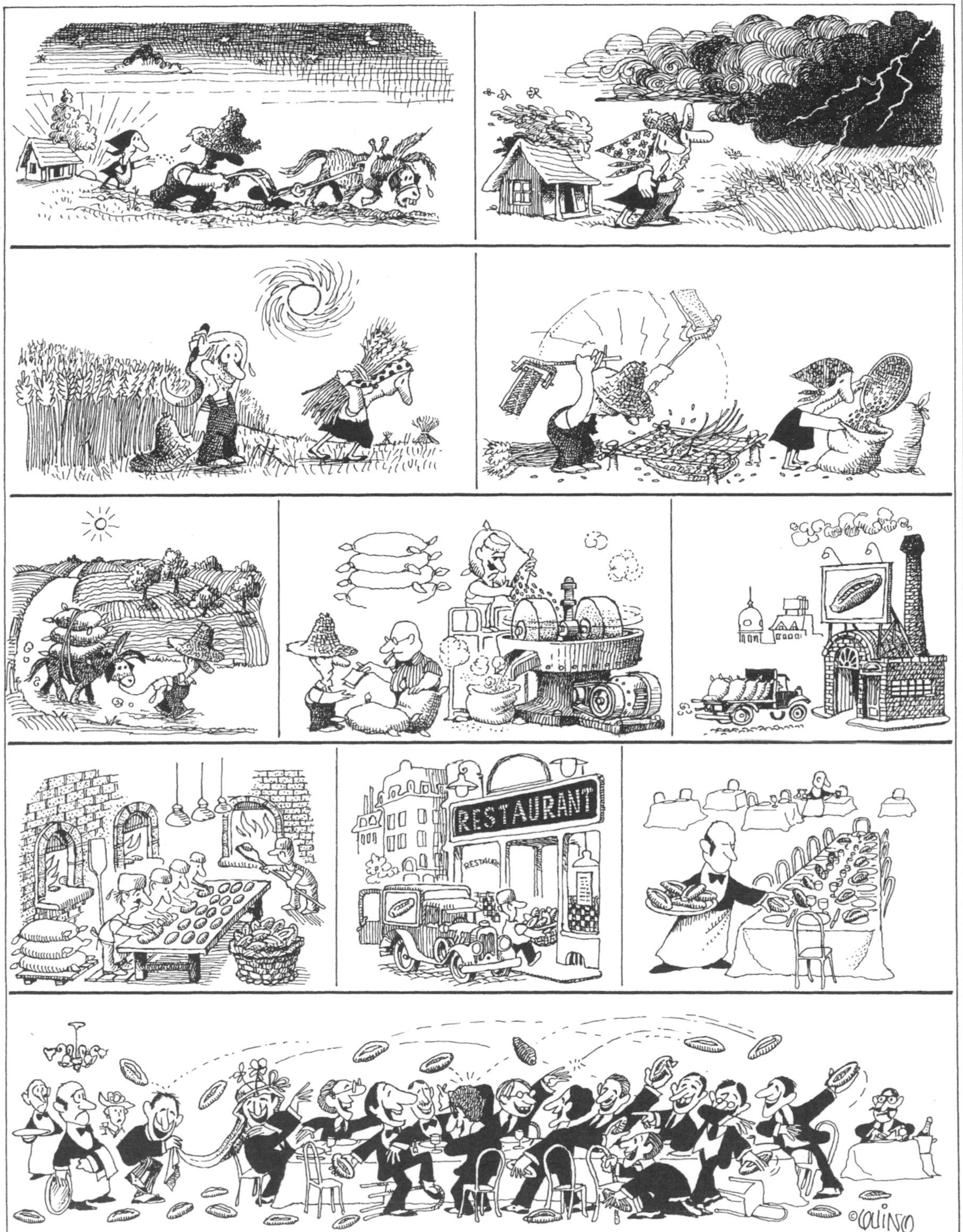
RESTAURANT
©QUINO

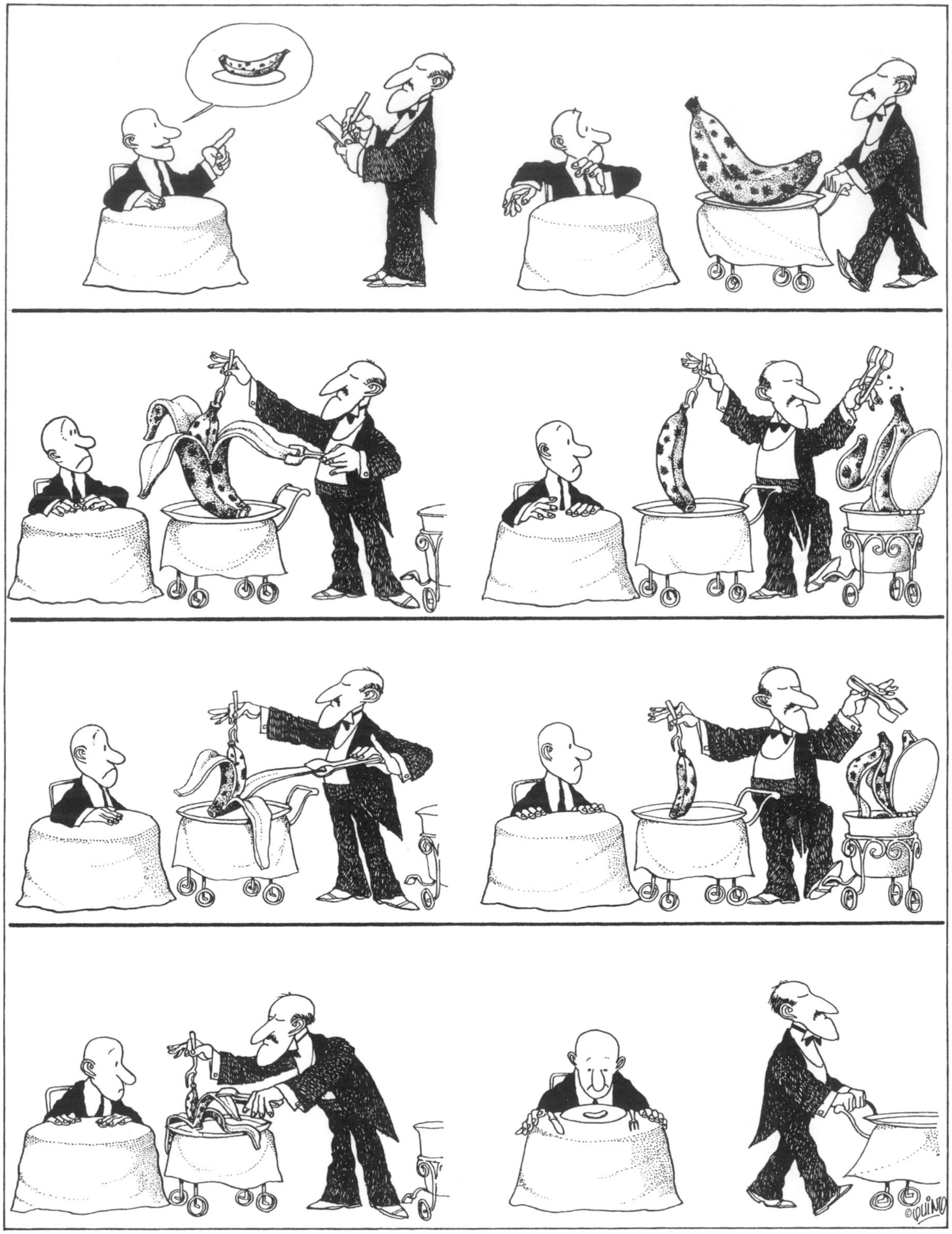
©QUINO

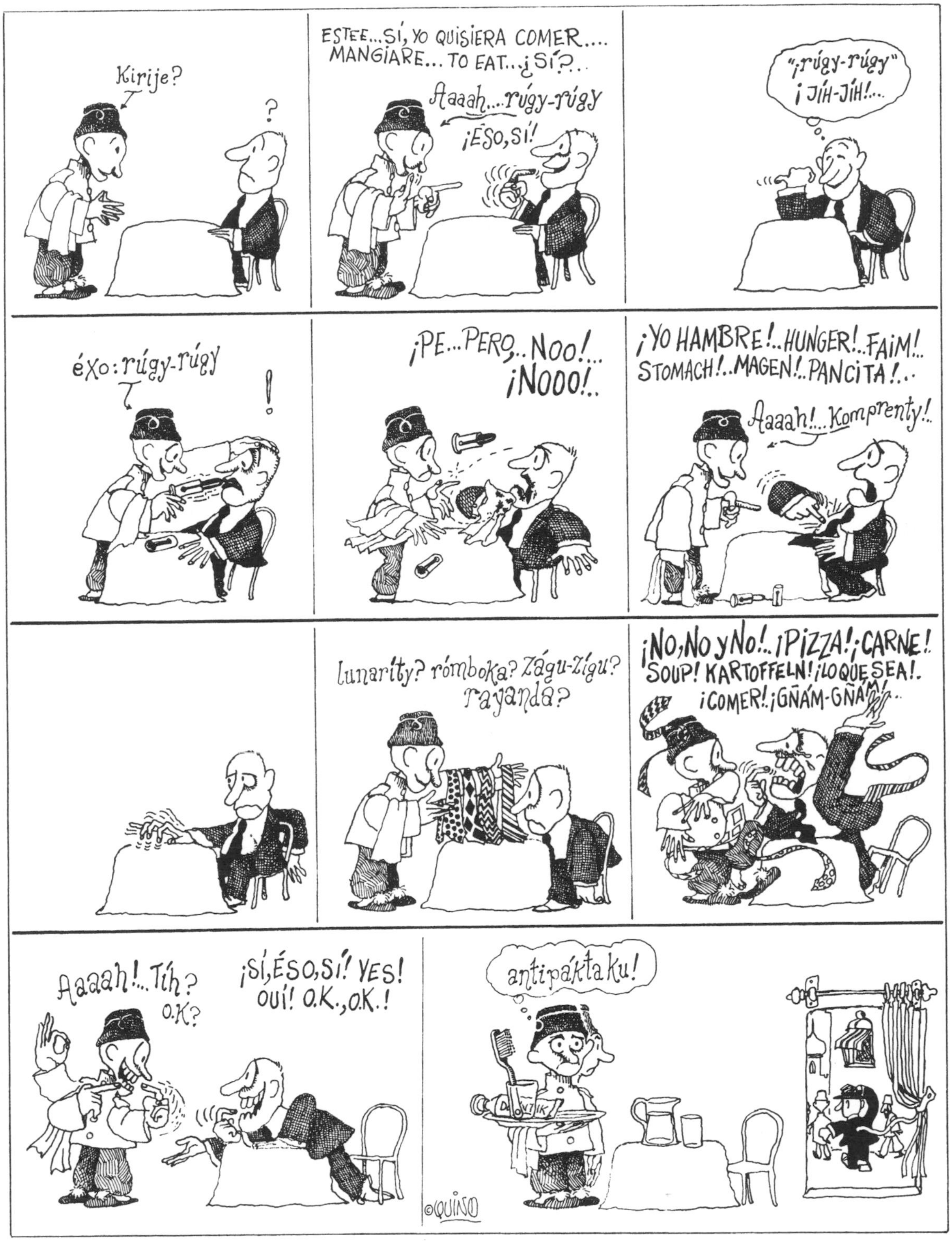
Kirije?
?
ESTEE...SÍ, YO QUISIERA COMER.... MANGIARE... TO EAT...¿SÍ?..
Aaaah....rúgy-rúgy
¡ÉSO, SÍ!
"¡rúgy-rúgy" ¡JÍH-JÍH!...
éxo: rúgy-rúgy
!
¡PE...PERO..NOO!... ¡NOOO!..
¡YO HAMBRE!..HUNGER!..FAIM!.. STOMACH!..MAGEN!..PANCITA!..
Aaaah!...Komprenty!..
lunarity? rómboka? Zágu-zígu? rayanda?
¡NO, NO y NO!.. ¡PIZZA! ¡CARNE! SOUP! KARTOFFELN! ¡LO QUE SEA!. ¡COMER! ¡GÑÁM-GÑÁM!...
Aaaah!...Tíh? O.K?
¡SÍ, ÉSO, SÍ! YES! OUI! O.K., O.K.!
antipáktaku!
©QUINO

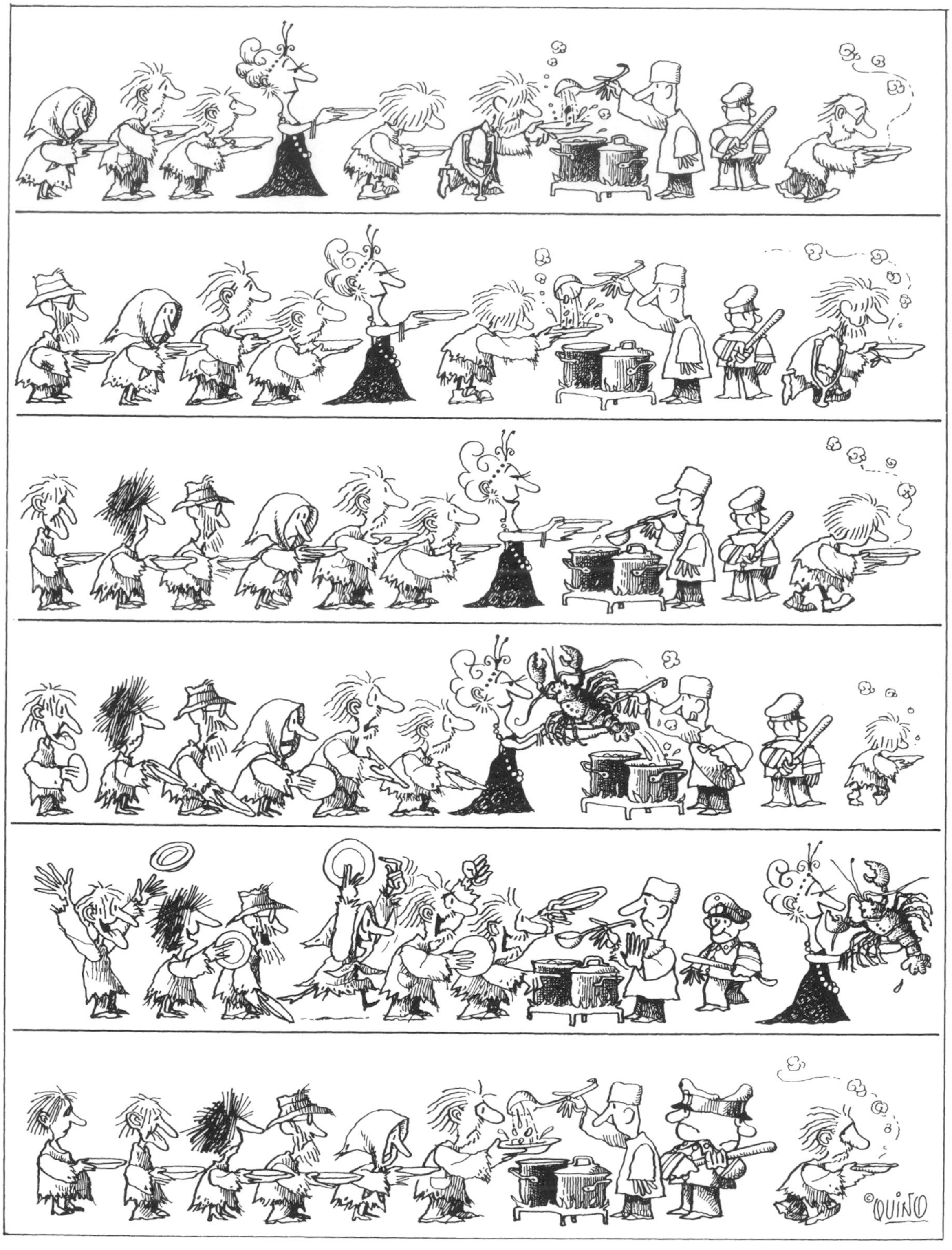
©QUINO

Quino

De viaje

En pentagramas

MOZART
CUARTETO Nº 16
EN MI BEMOL K. 428
Quino

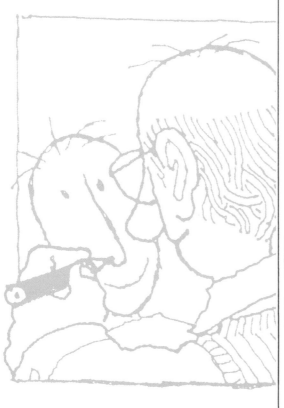

En pentagramas

De viaje

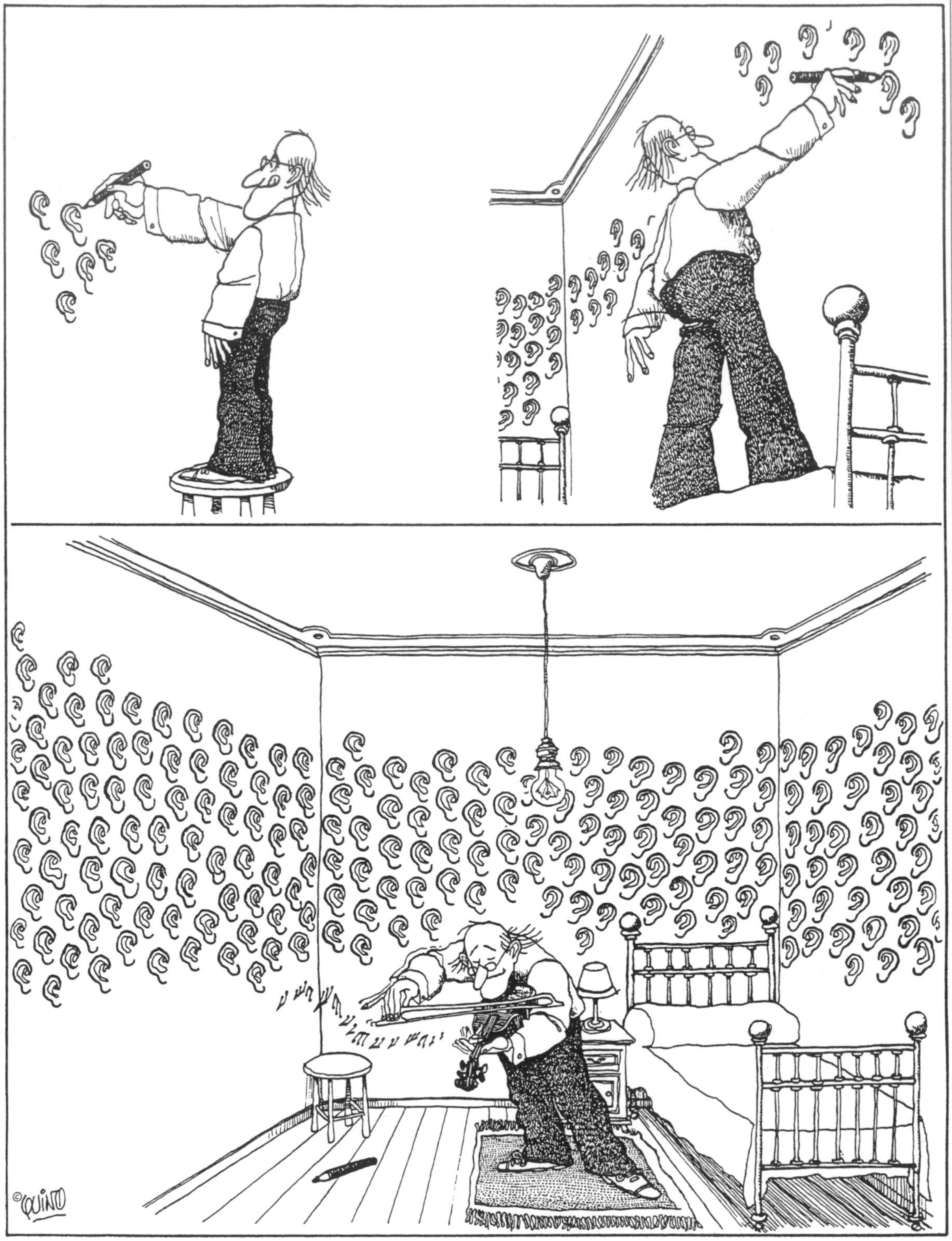
©QUINO

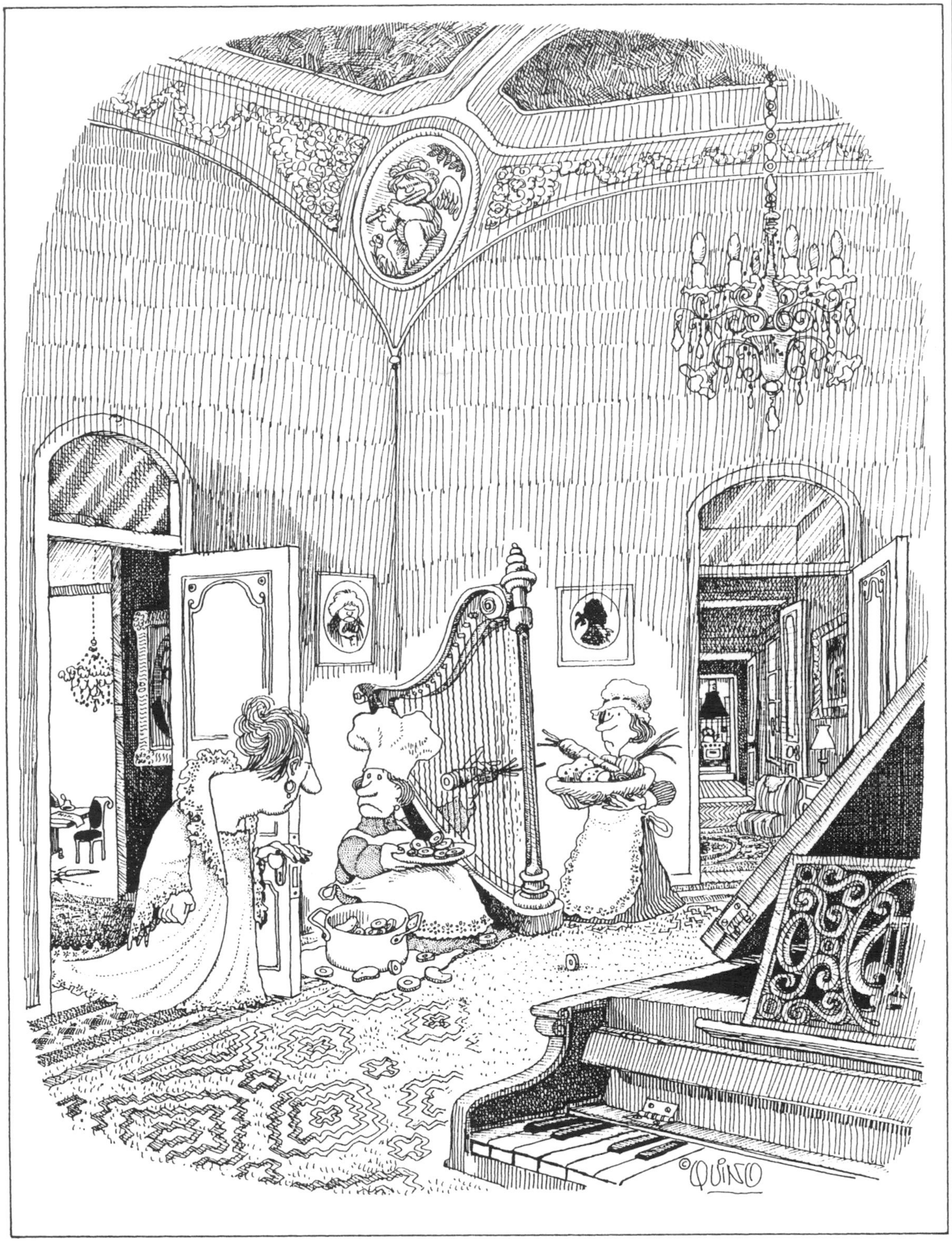
©QUINO

De viaje

En pentagramas

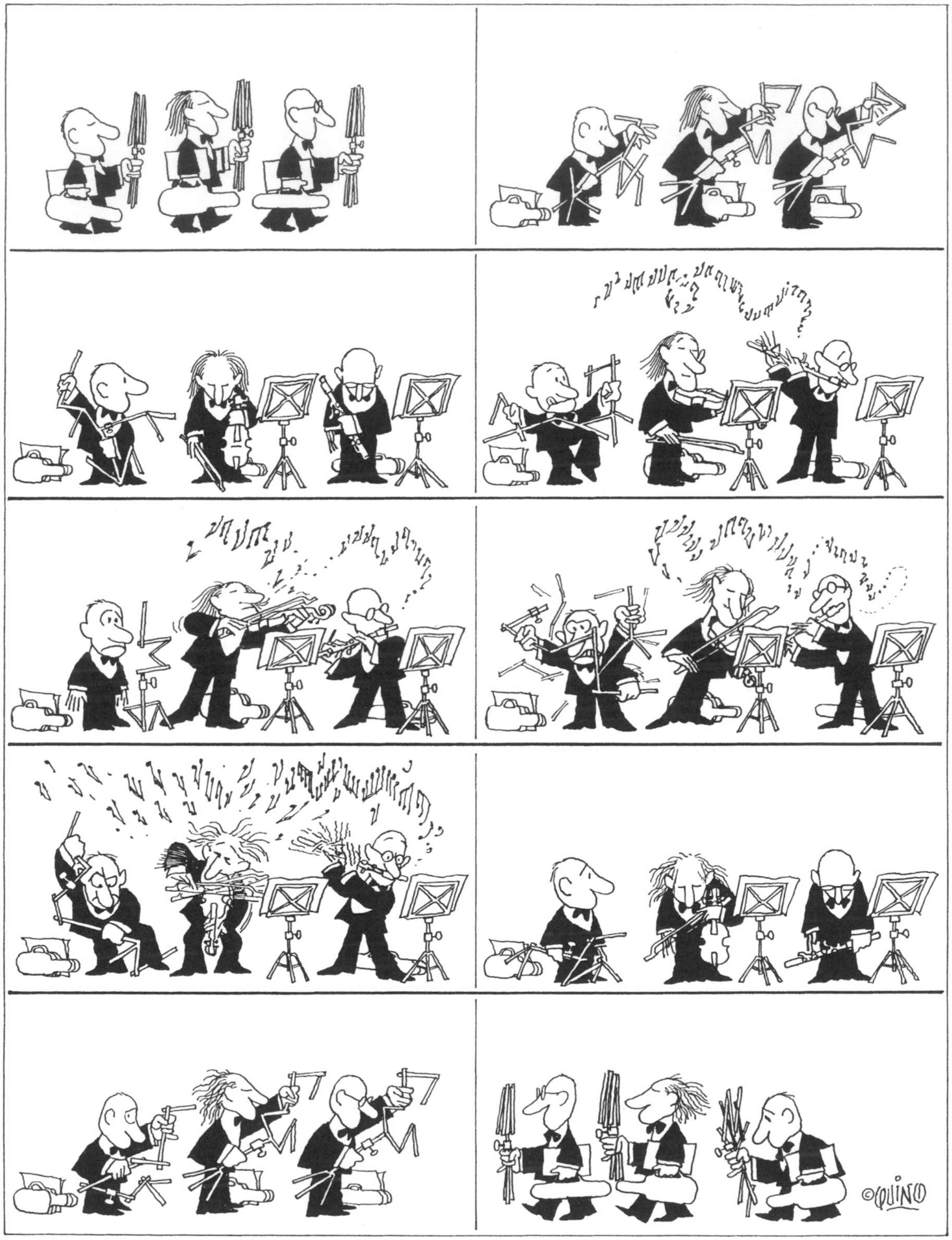
©QUINO

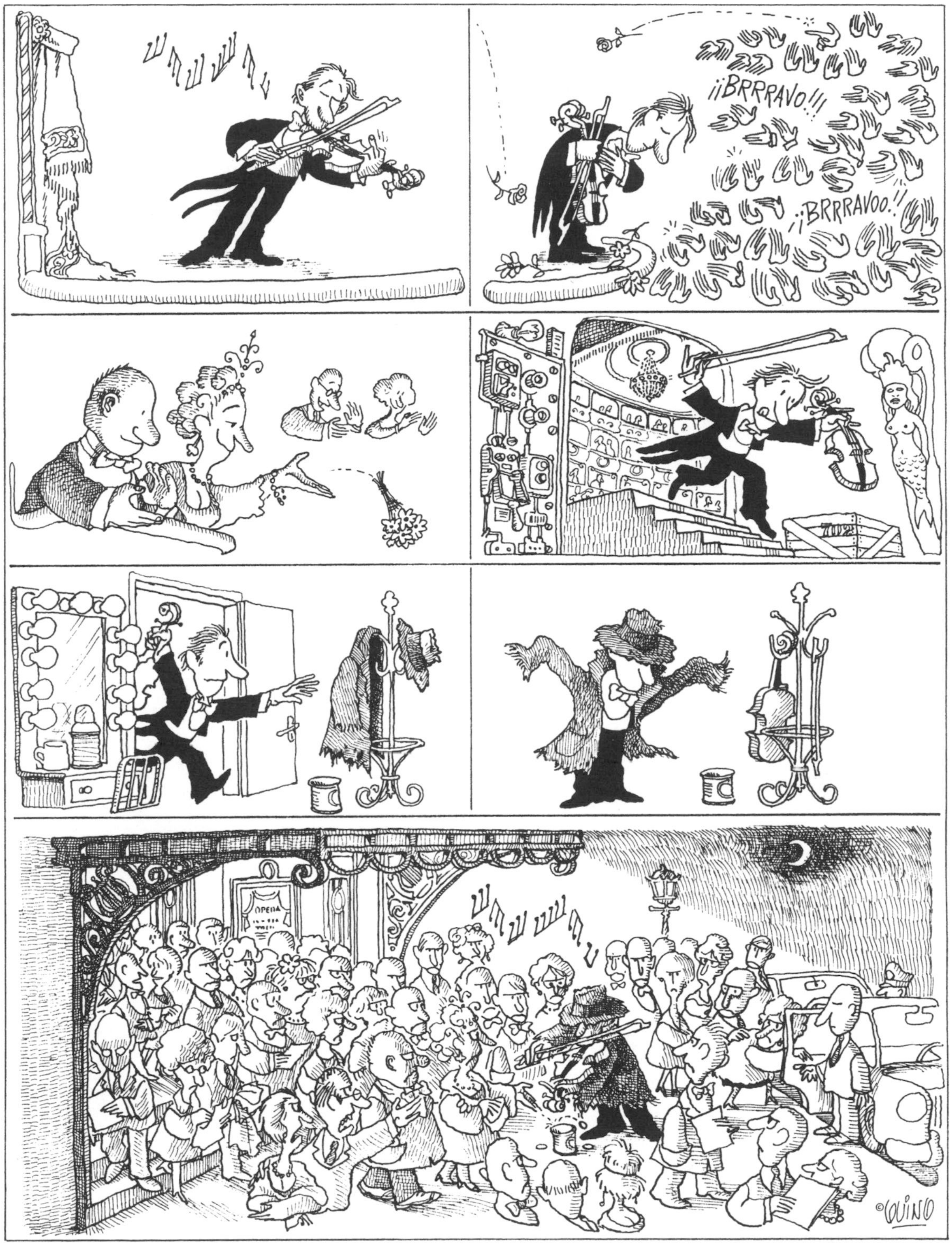
¡¡BRRRAVO!!!
¡¡BRRRAVOO!!
OPERA
©QUINO

Quino

De viaje

El peso de la cultura

MUSEO
DE OBRAS MAESTRAS
©Quino

El peso de la cultura

De viaje

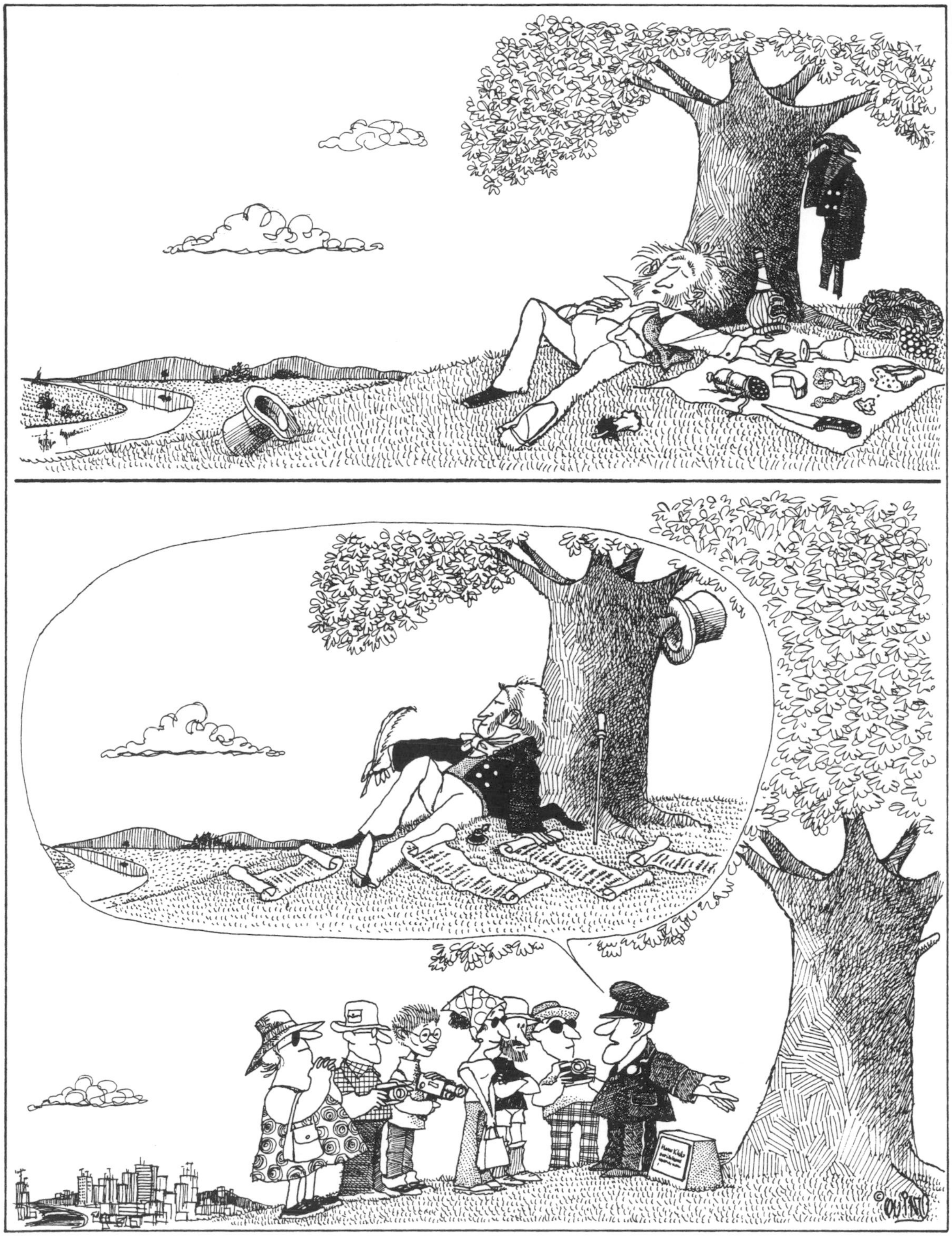
©QUINO

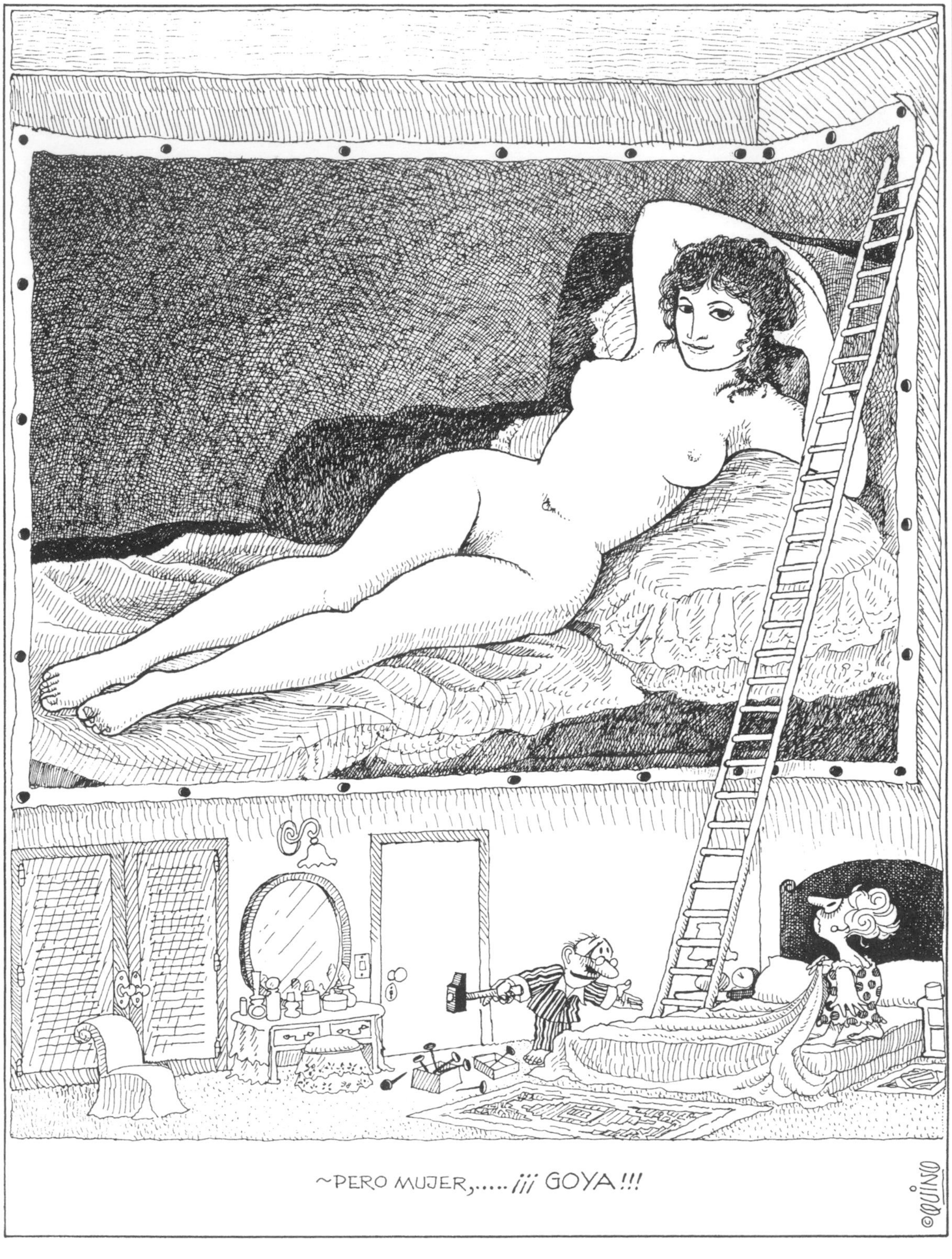
~PERO MUJER,.....¡¡¡ GOYA!!!
©QUINO

De viaje

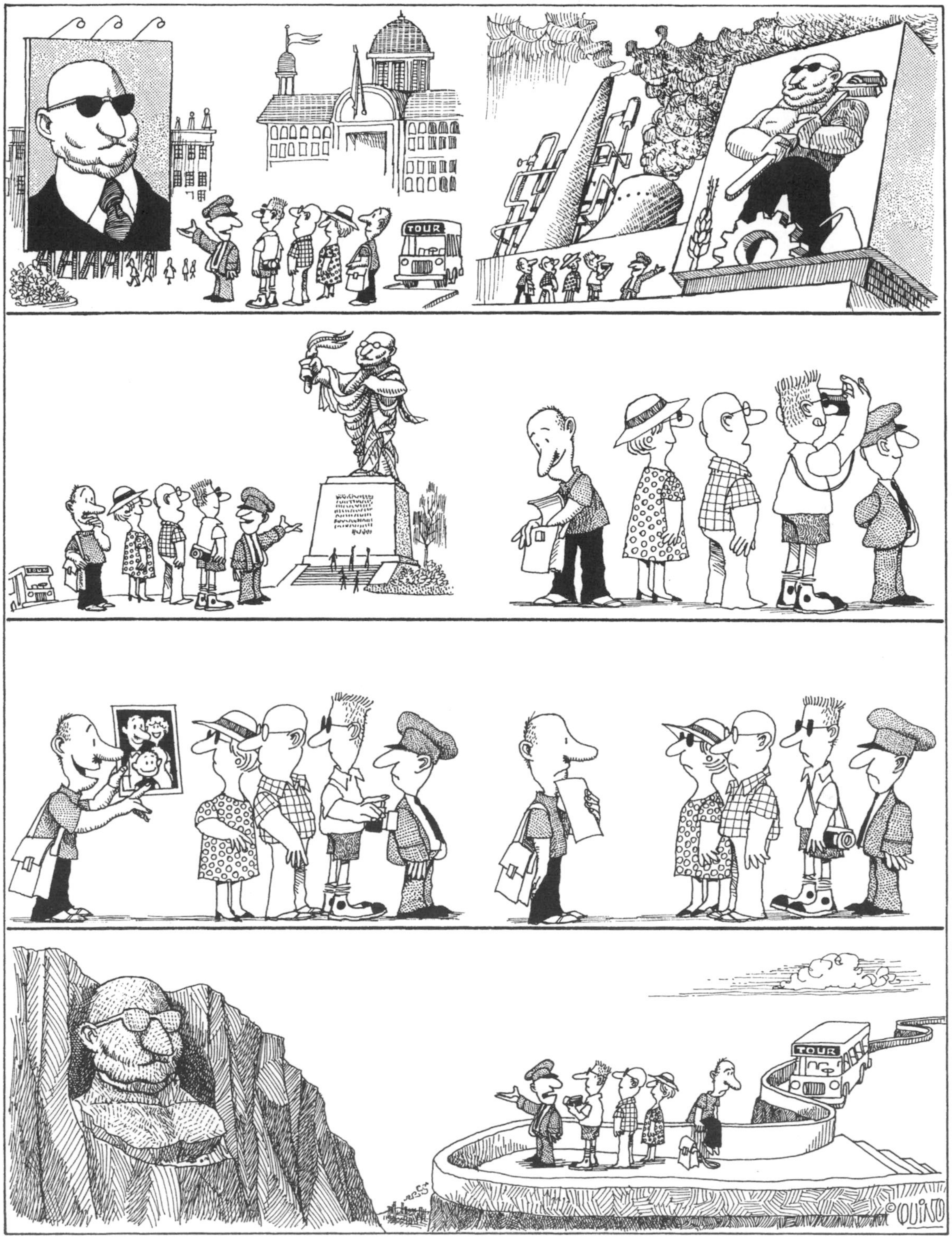
TOUR
TOUR
TOUR
©QUINO

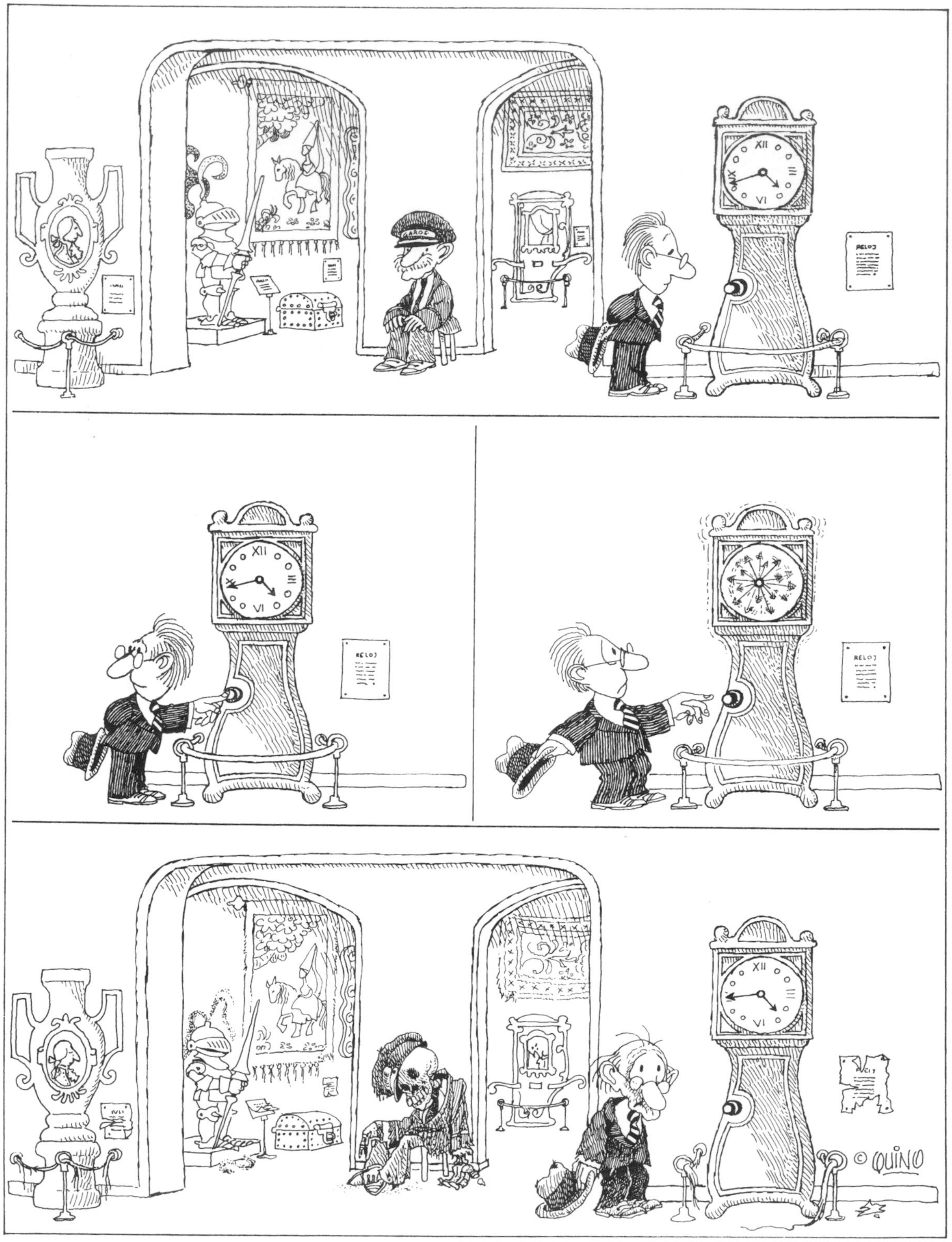
RELOJ
RELOJ
RELOJ
© QUINO

Quino

De viaje

Vivieron felices y... ¿comieron perdices?

Vivieron felices y... ¿comieron perdices?

De viaje

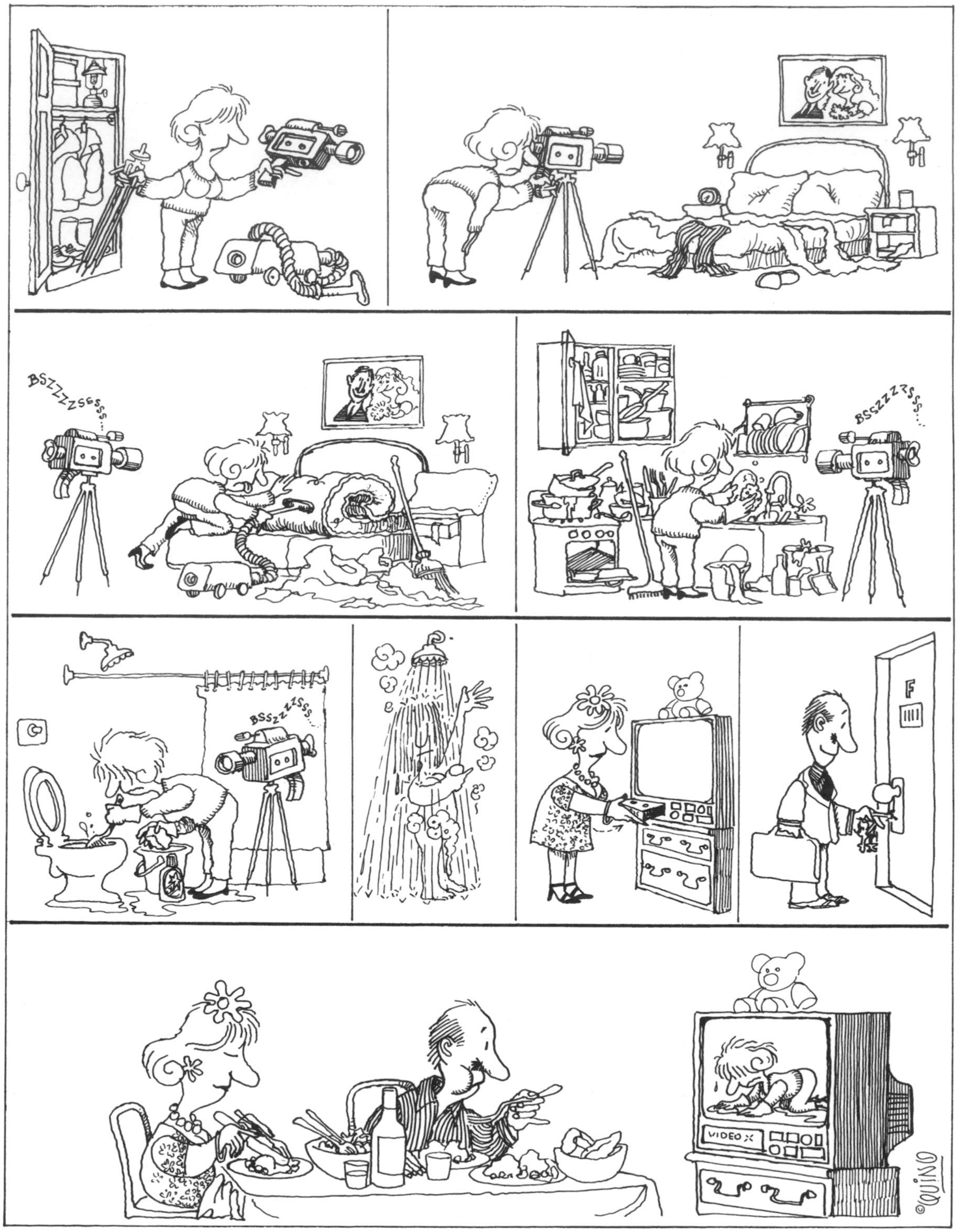
BSZZZZZSSSSSS...
BSSZZZZZSSS...
BSSZZZZSSS...
F
VIDEO
©QUINO

Vivieron felices y... ¿comieron perdices?

De viaje

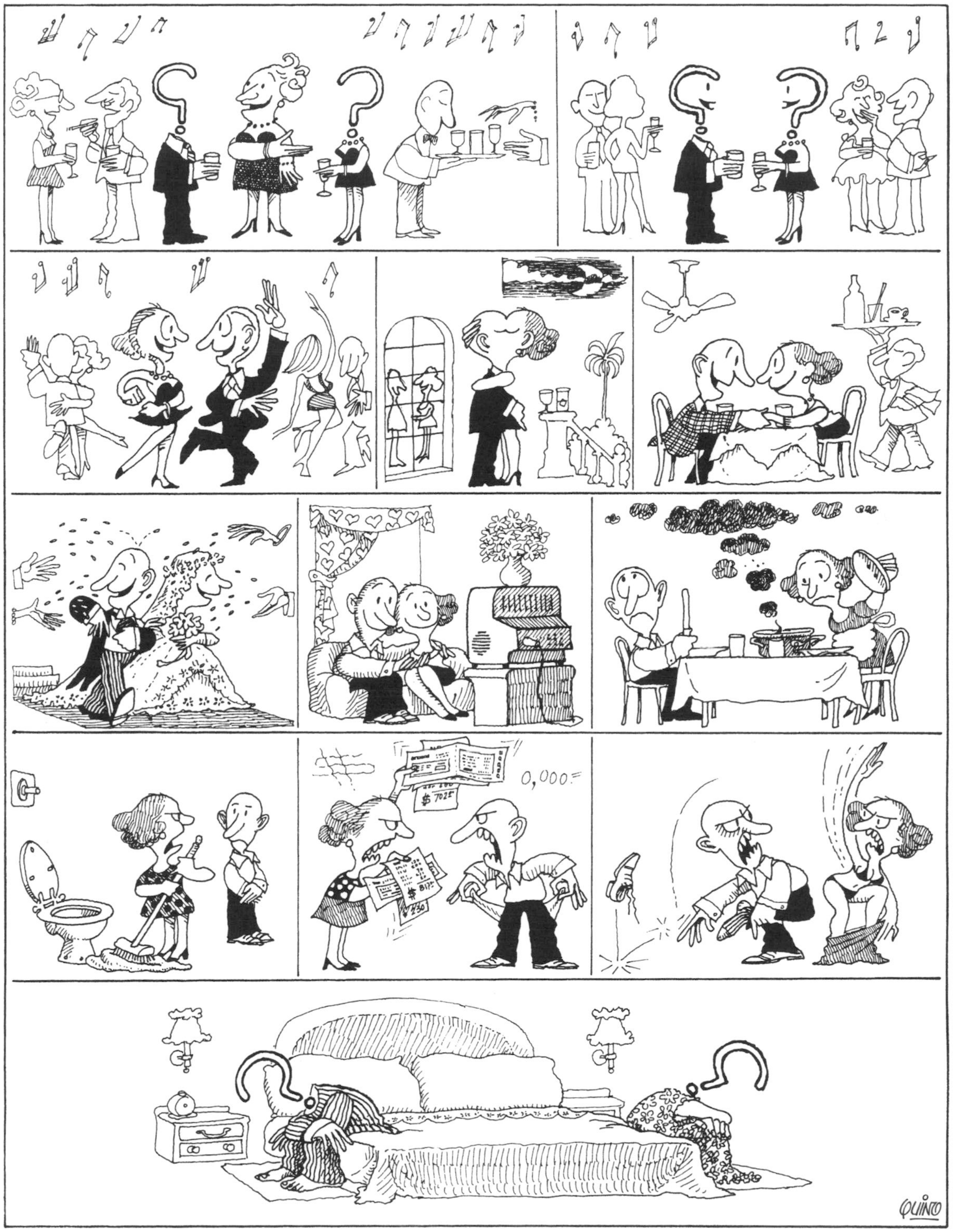
0,000=
QUINO

Vivieron felices y... ¿comieron perdices?

De viaje

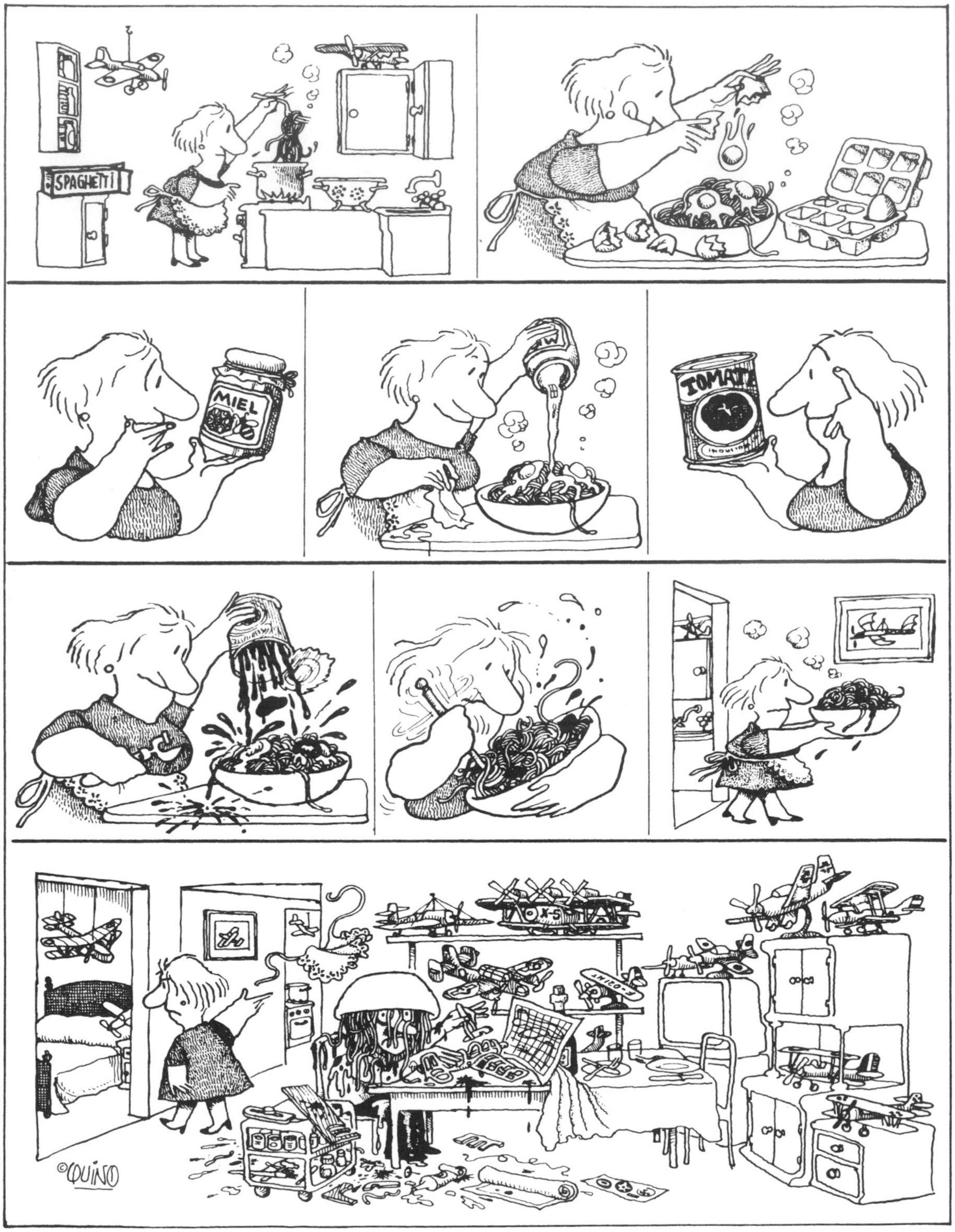
SPAGHETTI
MIEL
©QUINO

De viaje

Vivieron felices y... ¿comieron perdices?

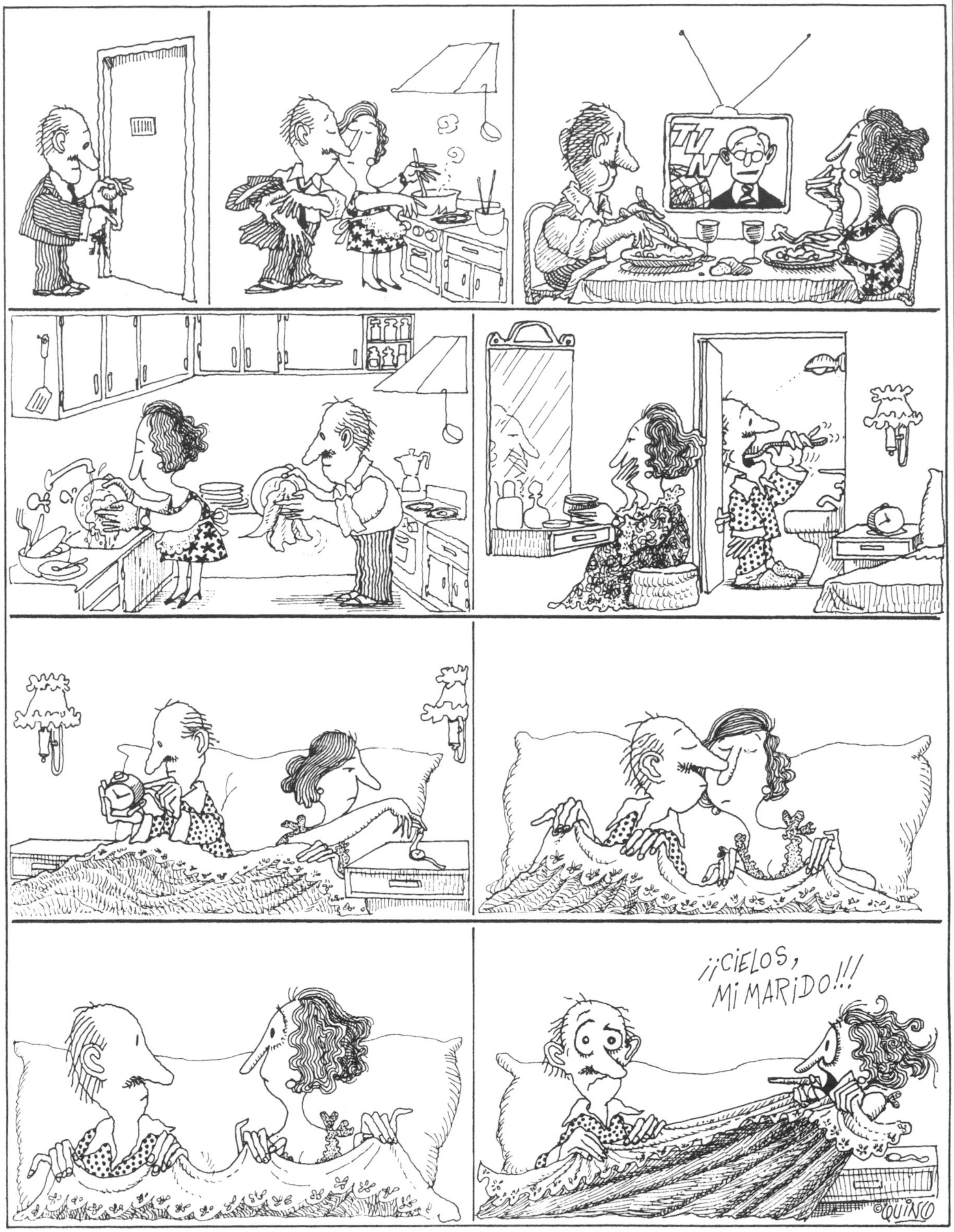
¡¡CIELOS,
MI MARIDO!!!
©QUINO

Quino

De viaje

Que pase el siguiente

ERRARE HUMANUM EST
QUINO

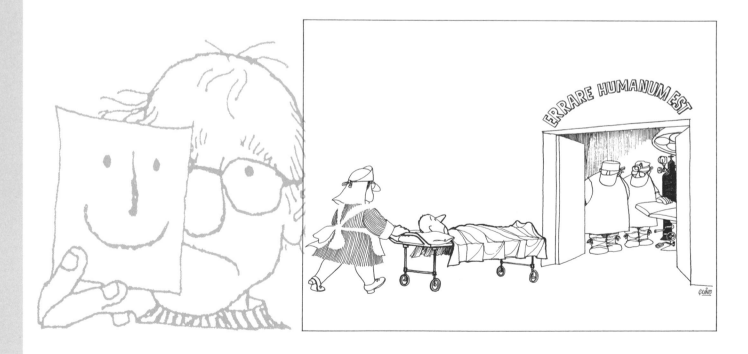

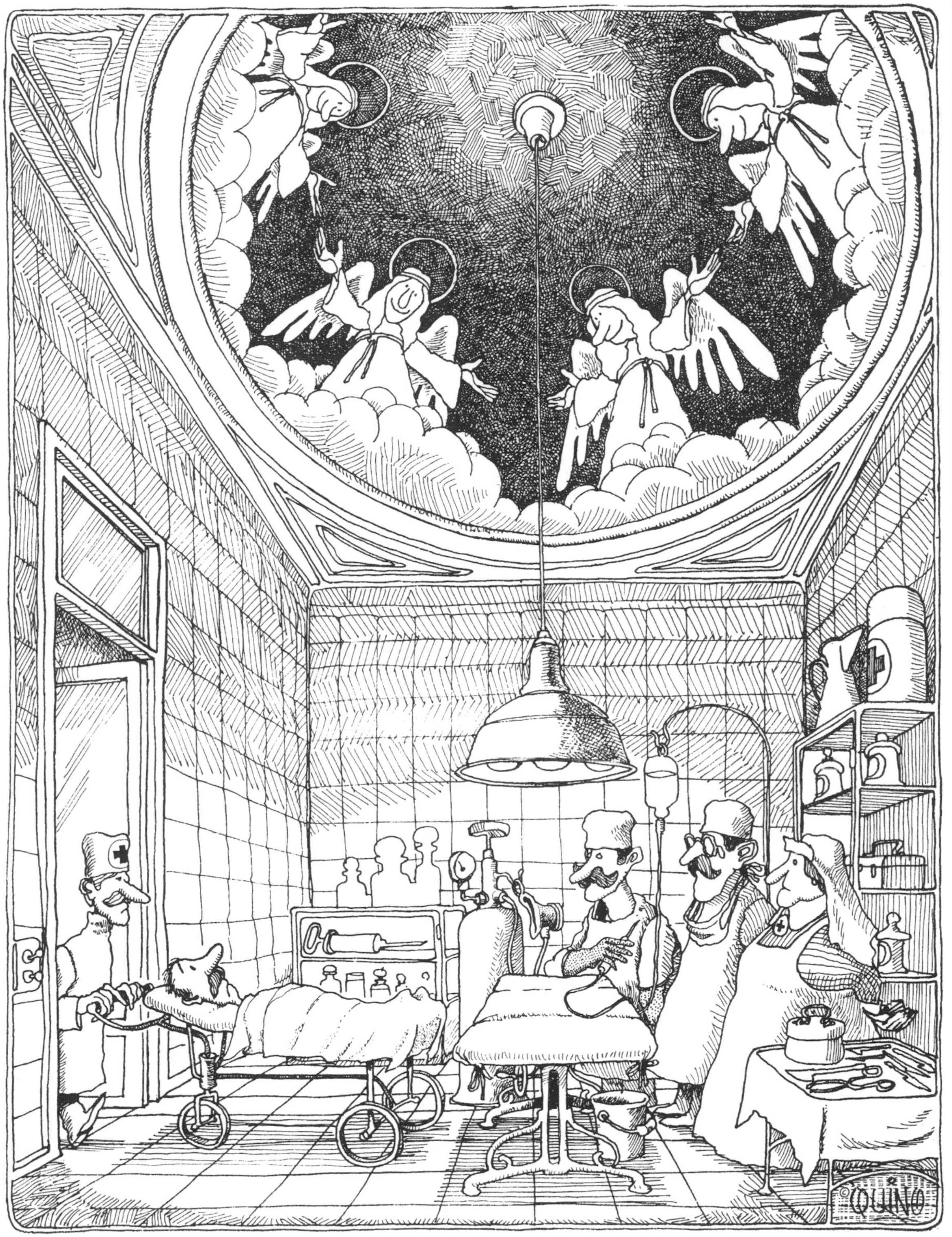
©QUINO

Que pase el siguiente

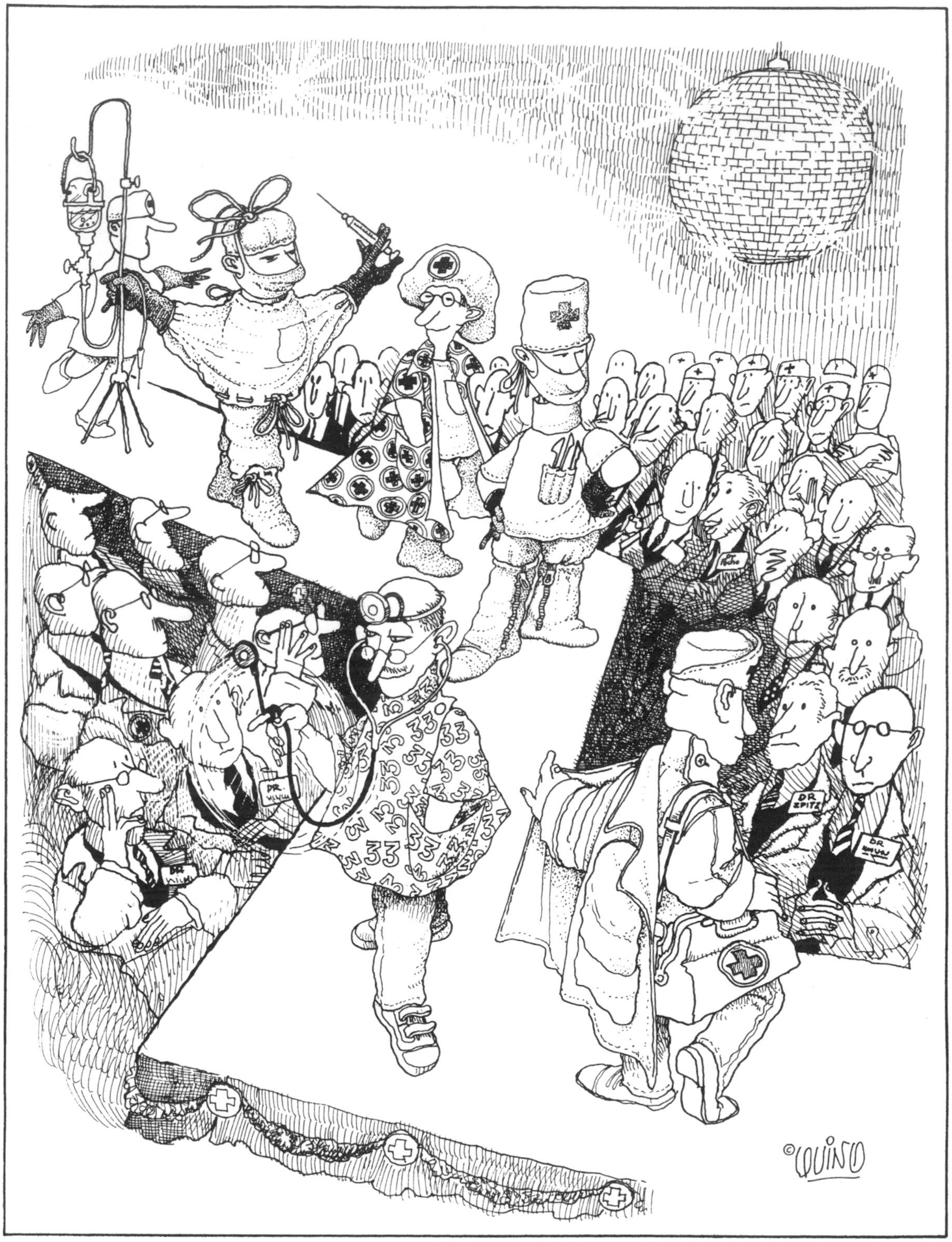
©QUINO

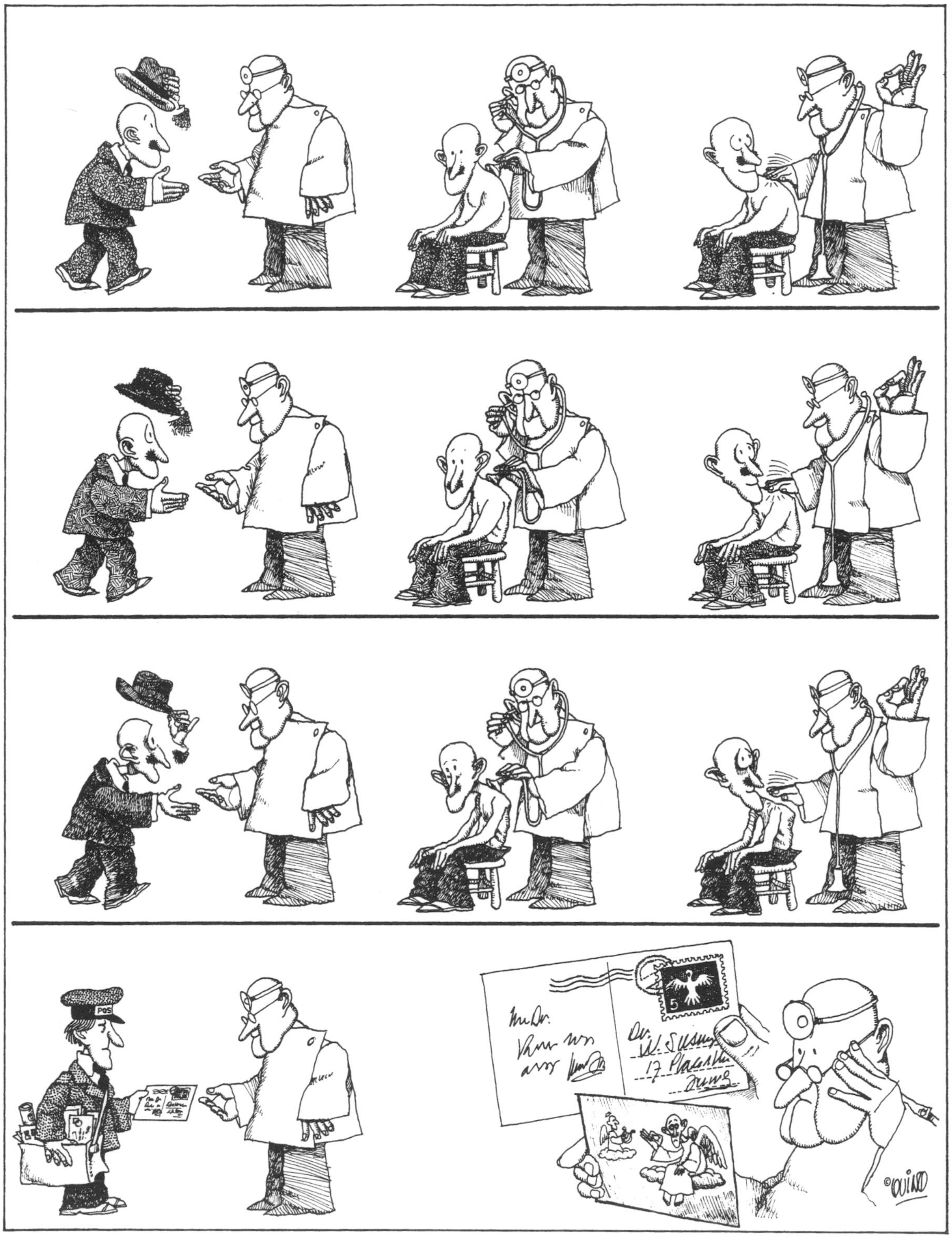
POS
©QUINO

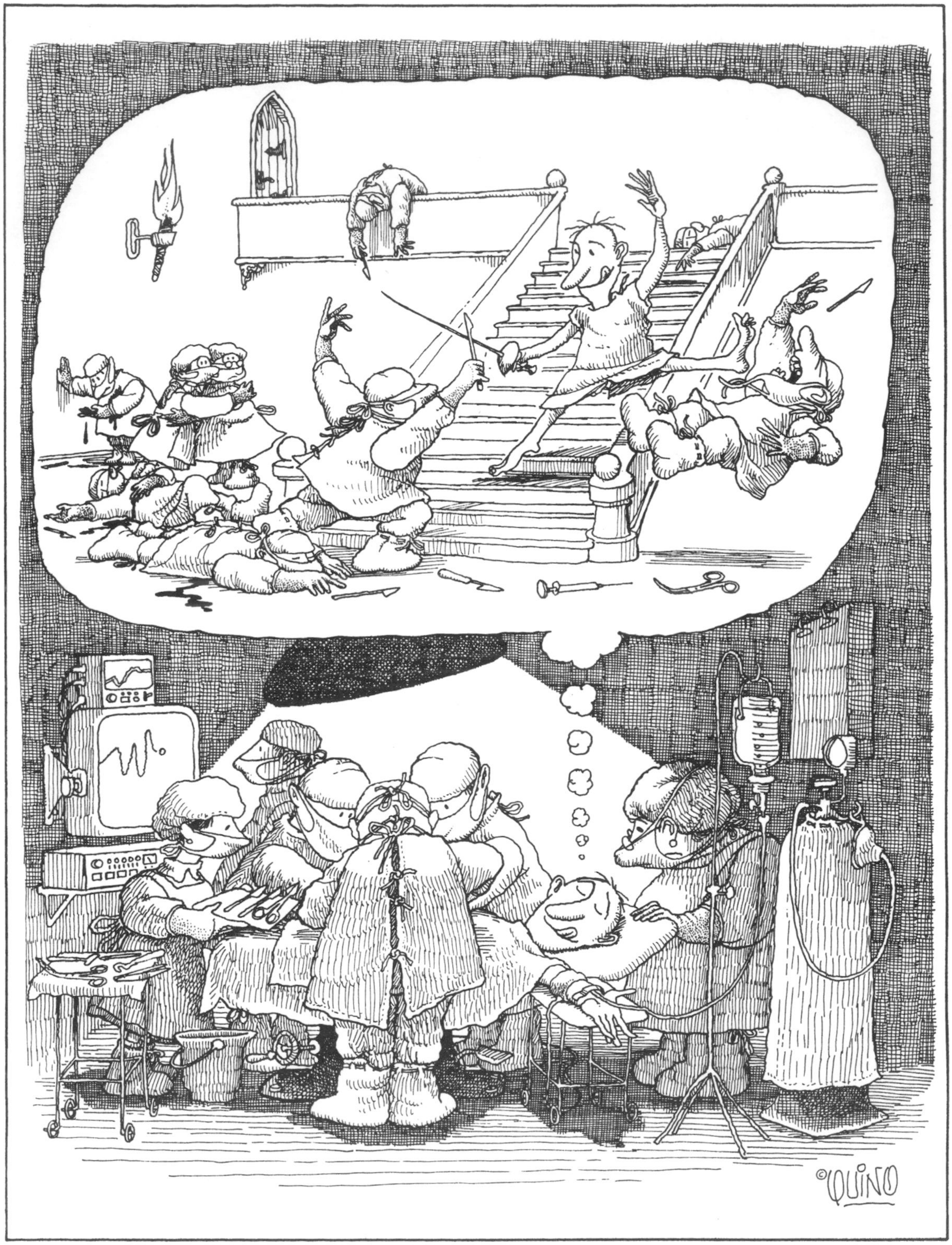
©QUINO

QUINO

De viaje

El último viaje

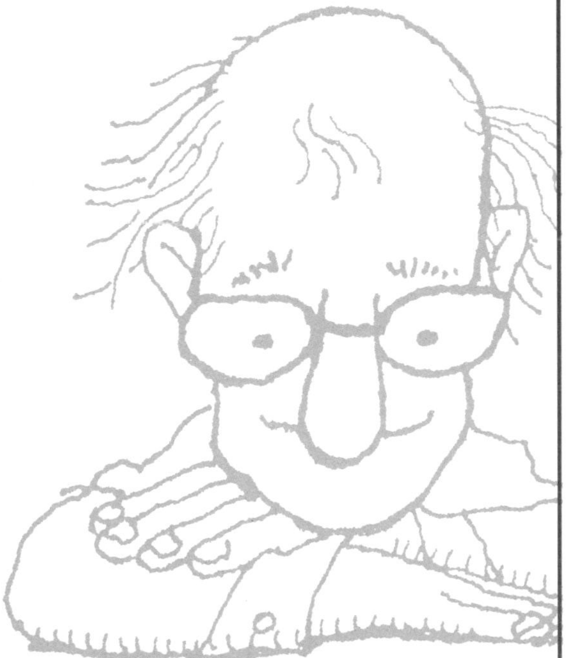

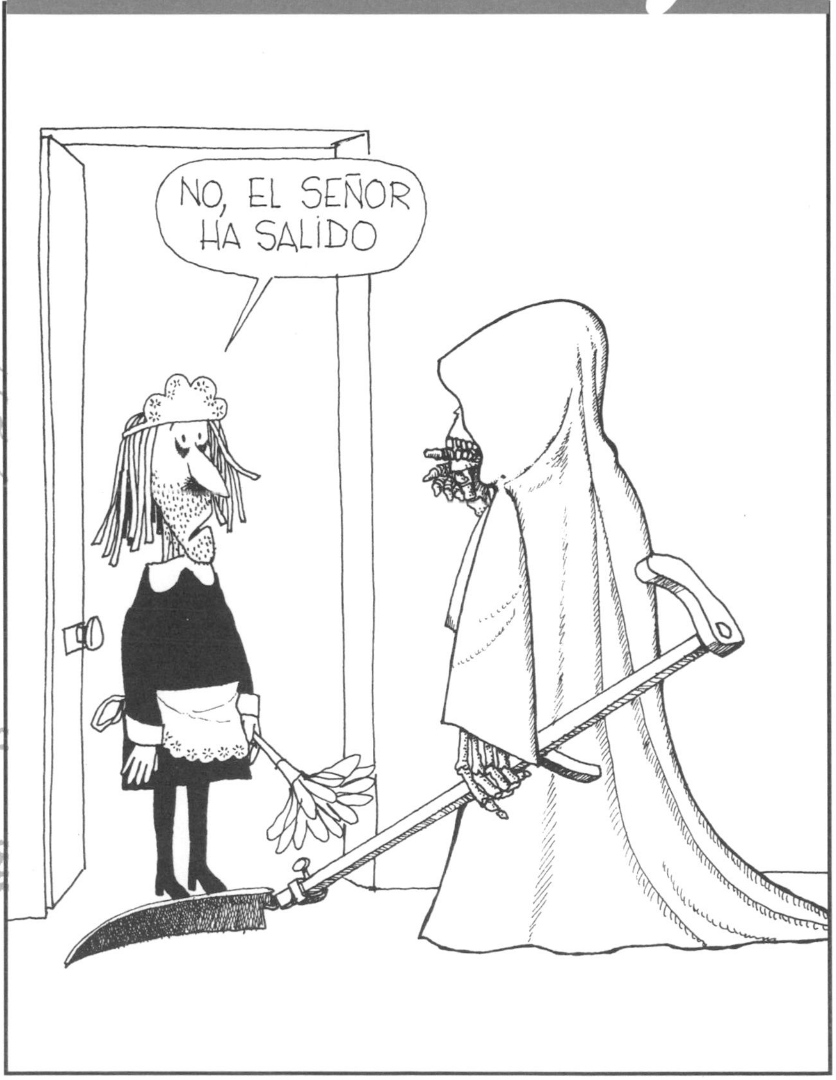
NO, EL SEÑOR HA SALIDO

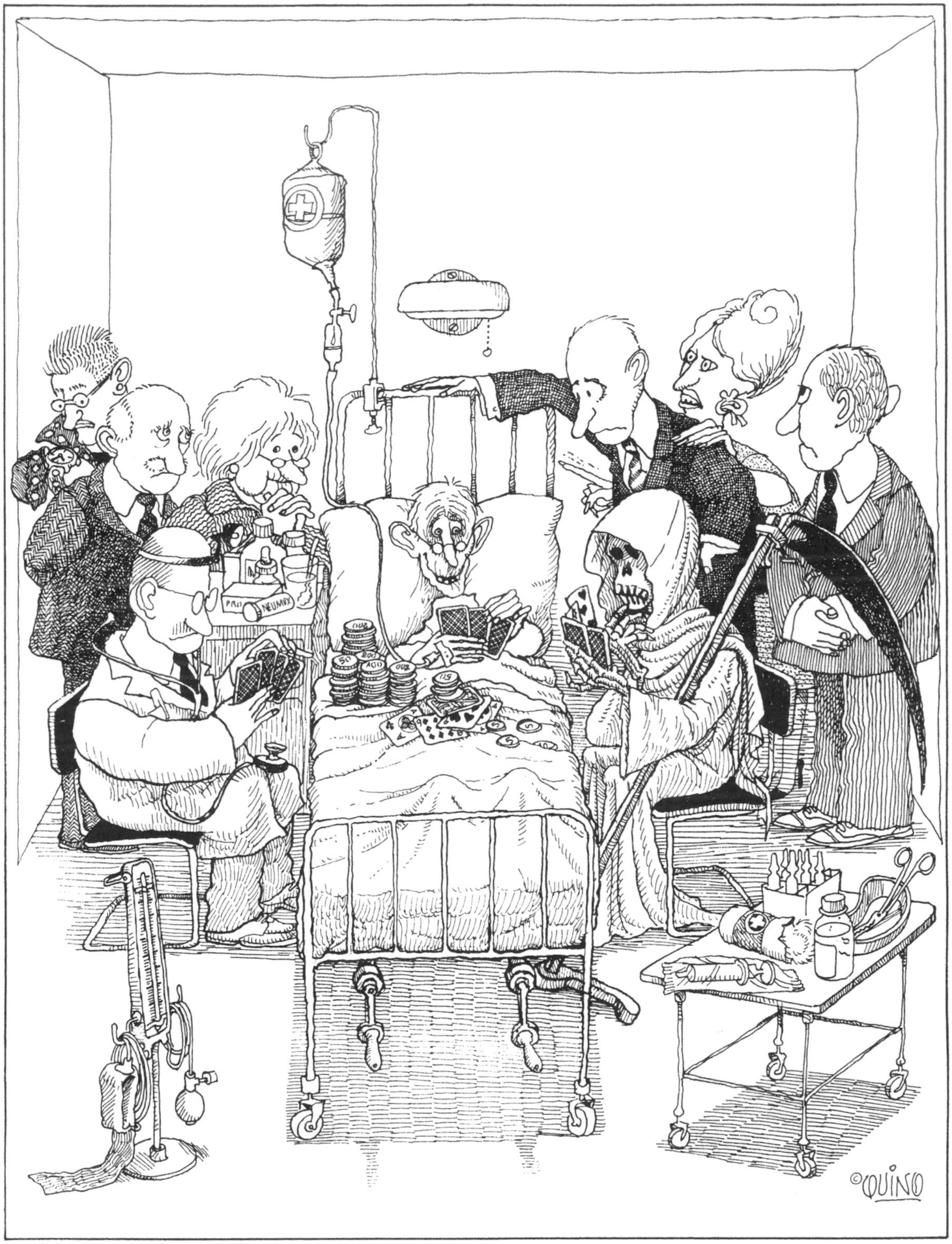
©QUINO

QUINO

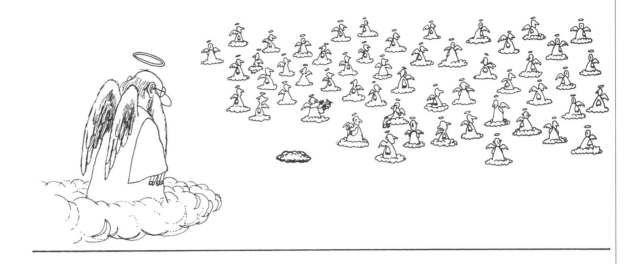

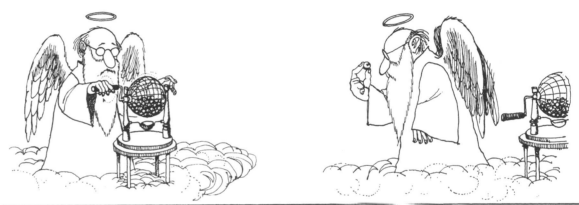

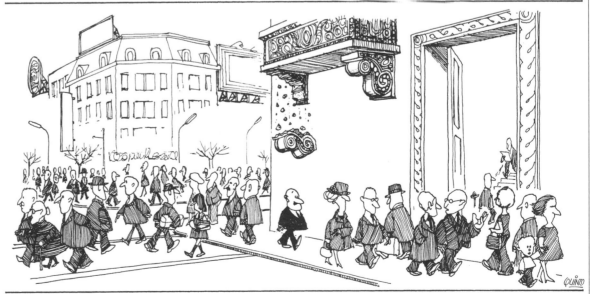

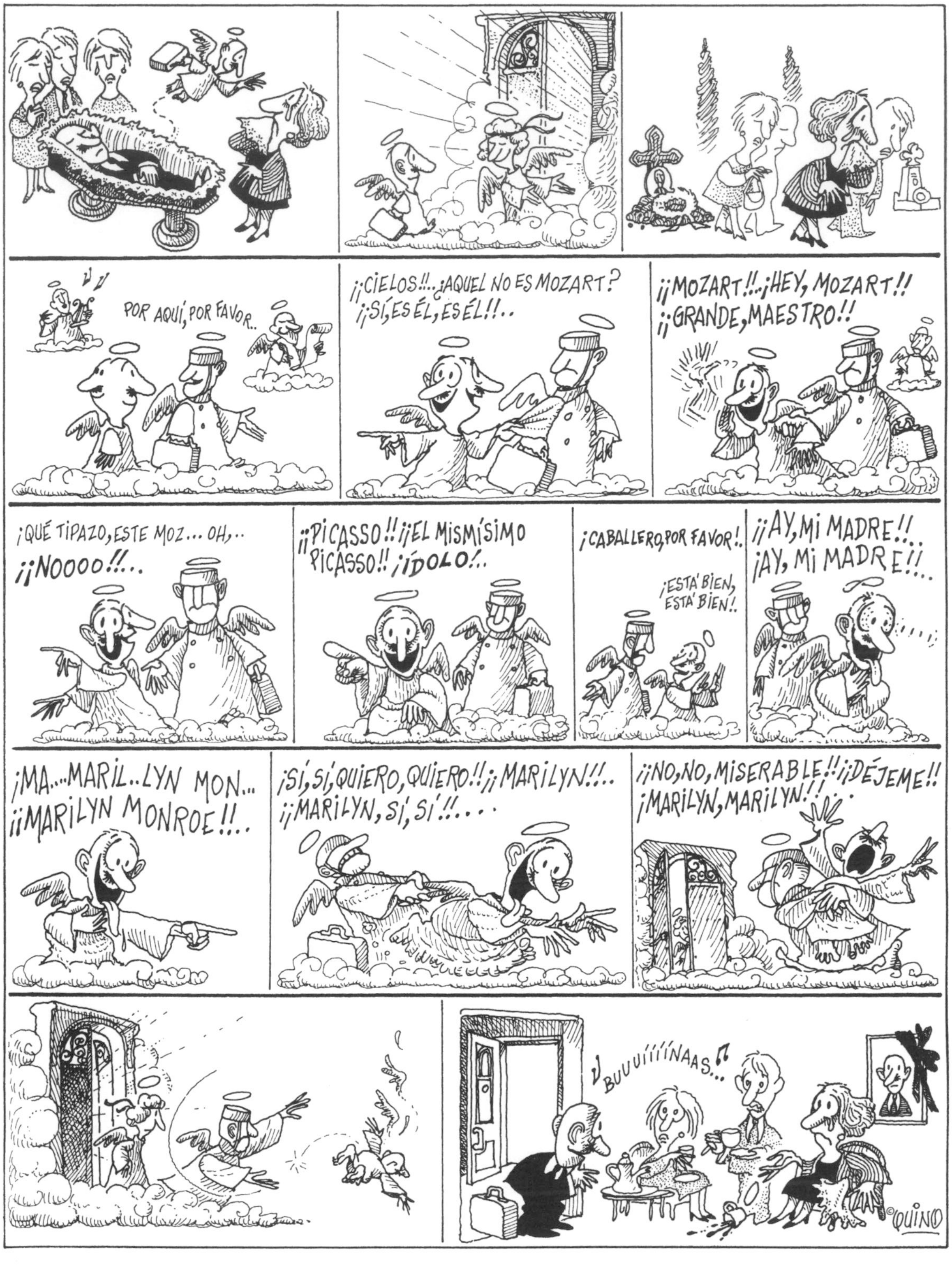
POR AQUÍ, POR FAVOR..
¡¡CIELOS!!..¿AQUEL NO ES MOZART?
¡¡SÍ, ES ÉL, ES ÉL!!..
¡¡MOZART!!..¡HEY, MOZART!!
¡¡GRANDE, MAESTRO!!
¡QUÉ TIPAZO, ESTE MOZ... OH,..
¡¡NOOOO!!!..
¡¡PICASSO!! ¡¡EL MISMÍSIMO PICASSO!! ¡ÍDOLO!..
¡CABALLERO, POR FAVOR!..
¡ESTÁ BIEN, ESTÁ BIEN!.
¡¡AY, MI MADRE!!
¡AY, MI MADRE!!..
¡MA...MARIL..LYN MON...
¡¡MARILYN MONROE!!!..
¡SÍ, SÍ, QUIERO, QUIERO!! ¡¡MARILYN!!!..
¡¡MARILYN, SÍ, SÍ!!!....
¡¡NO, NO, MISERABLE!! ¡¡DÉJEME!!
¡MARILYN, MARILYN!!...
BUUUÍÍÍÍNAAS...
©QUINO

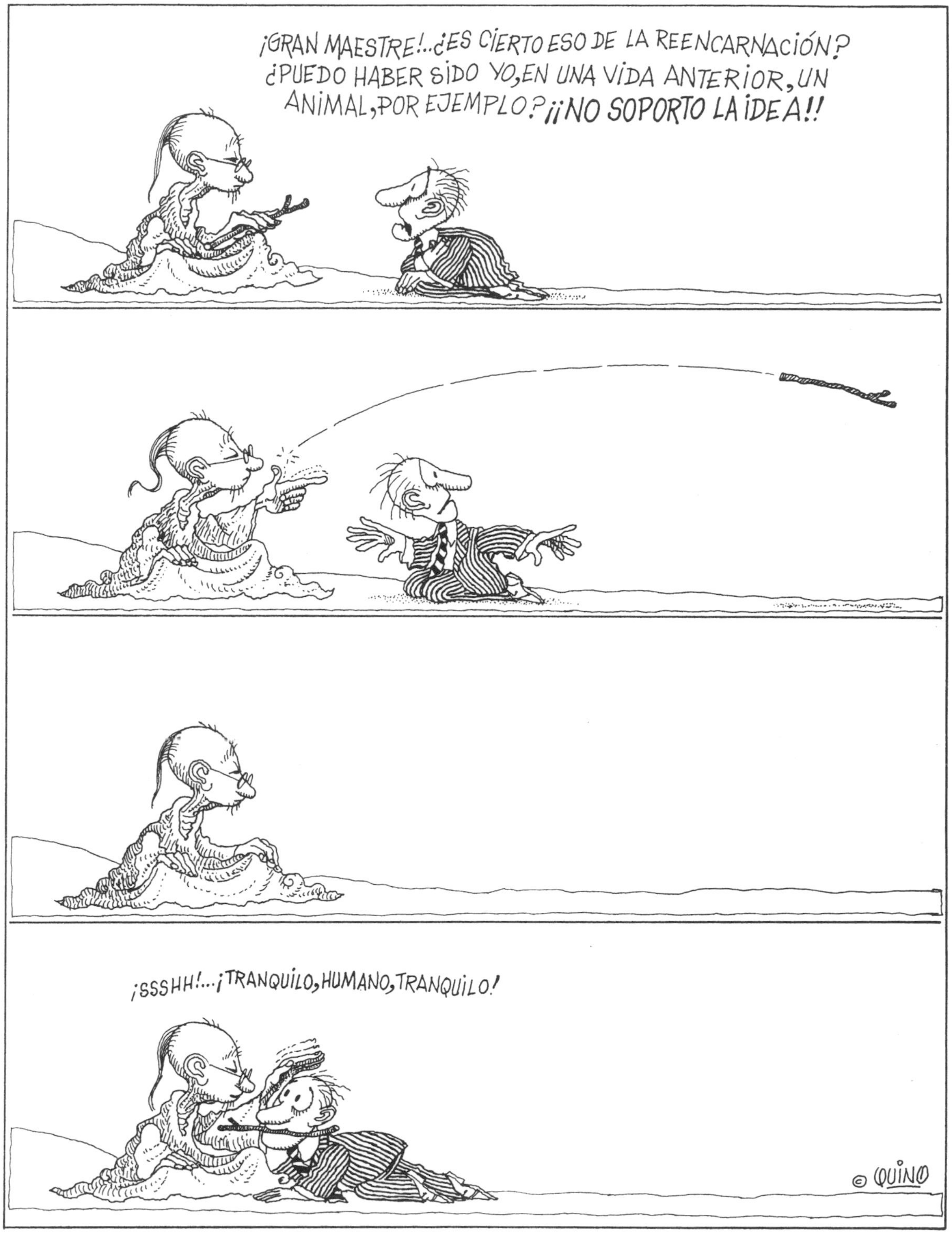
¡GRAN MAESTRE!...¿ES CIERTO ESO DE LA REENCARNACIÓN? ¿PUEDO HABER SIDO YO, EN UNA VIDA ANTERIOR, UN ANIMAL, POR EJEMPLO? ¡¡NO SOPORTO LA IDEA!!
¡SSSHH!...¡TRANQUILO, HUMANO, TRANQUILO!
© QUINO

De viaje con Quino
Quino Mafalda

Mafalda

Sopa

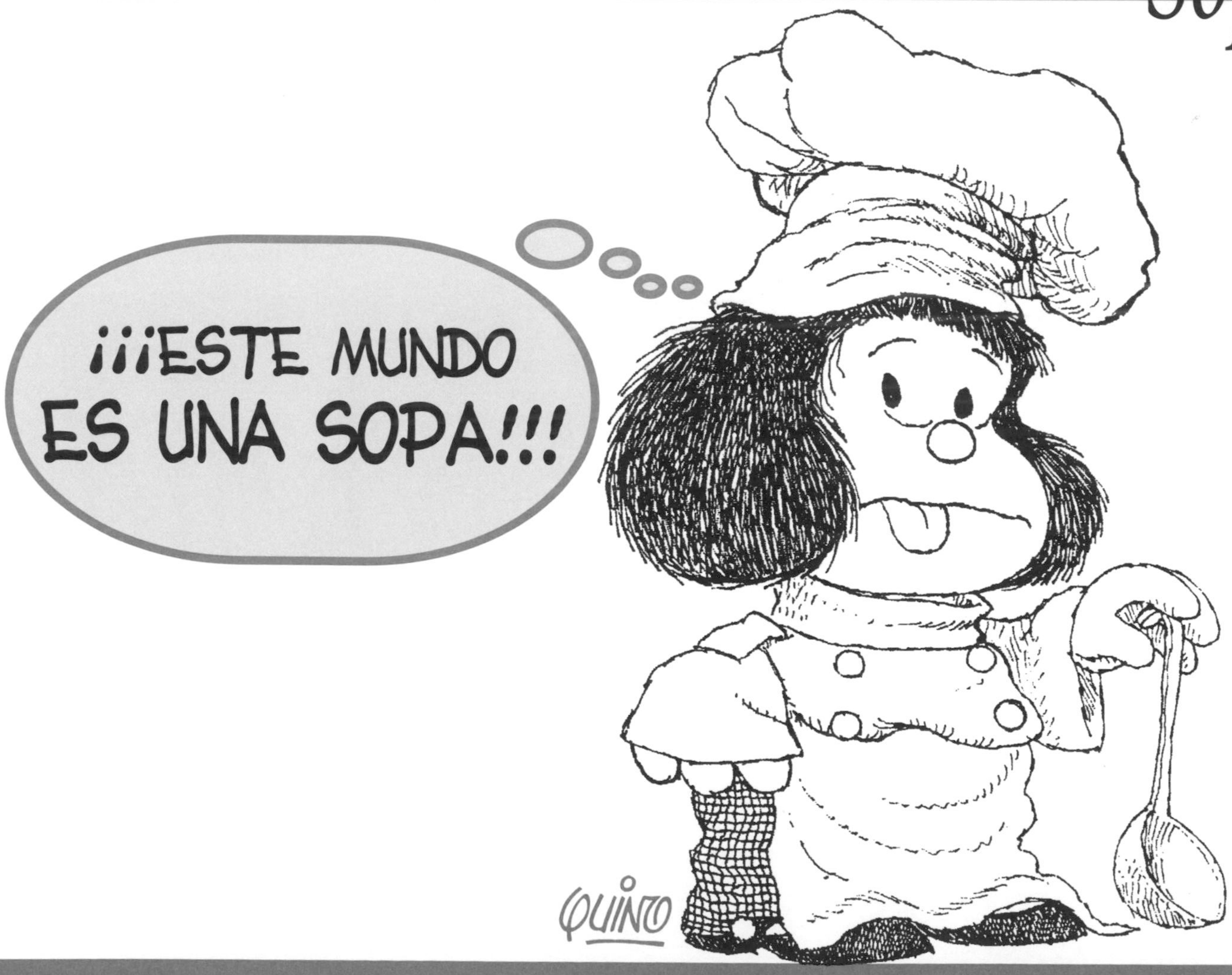

¡¡¡ESTE MUNDO ES UNA SOPA!!!
QUINO

Mafalda
Sopa

¿CÓMO HABRÁ SIDO EL ASUNTO? ¿LAS DOS COSAS SERÁN OBRA DE UN MISMO SÁDICO?
¿O POR PURO GUSTO DE FASTIDIAR EN EQUIPO, UN CRETINO INVENTÓ LA CUCHARA Y AHÍ NOMÁS A OTRO DEPRAVADO SE LE OCURRIÓ LA SOPA?

QUINO
NO. EL DICCIONARIO NO DICE QUE SEA MALA PALABRA
¿NOOOO?
¿Y QUE ES UNA ASQUEROSIDAD INMUNDA? ¿EÉH? ¿NO DICE QUE ES UNA ASQUEROSIDAD INMUNDA?
NO, TAMPOCO
¡NO, PUEDE SER!... LEÉ, A VER
«SOPA: (del alemán, suppe) PLATO DE CALDO CON PAN, PASTAS, FÉCULAS, ETC.»
?

OTRA CON SOPOFOBIA, ¿VISTE?

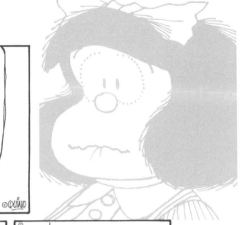

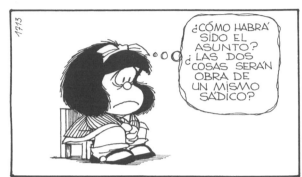

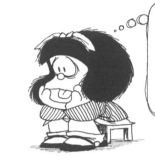

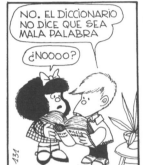

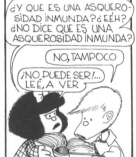

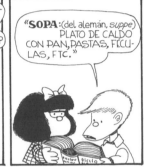

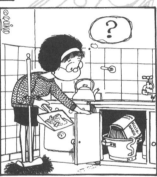

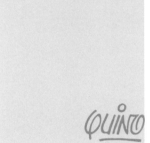

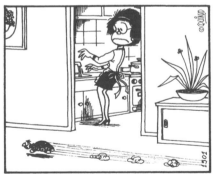

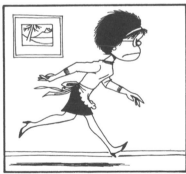

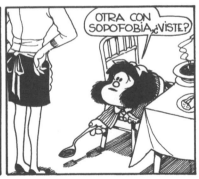

¿Será culpa de quien inventó la cuchara o del que plantó los calabacines? Mafalda se lo pregunta, Mafalda se lo pregunta todo. Pero no es eso lo que más le importa. Su mayor deseo es ver desaparecer para siempre ese insoportable mejunje cotidiano, que se esconde bajo el nombre de «sopa».

Mafalda
Sopa

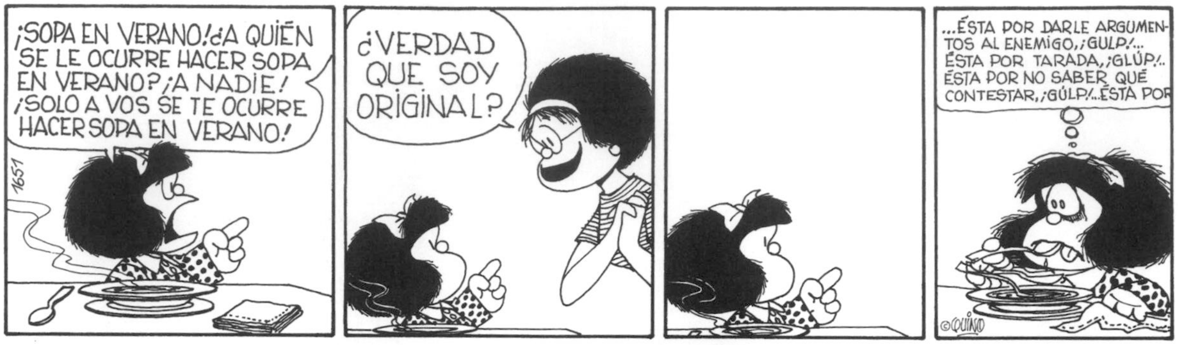

¡SOPA EN VERANO! ¿A QUIÉN SE LE OCURRE HACER SOPA EN VERANO? ¡A NADIE! ¡SOLO A VOS SE TE OCURRE HACER SOPA EN VERANO!
1651
¿VERDAD QUE SOY ORIGINAL?
...ÉSTA POR DARLE ARGUMENTOS AL ENEMIGO, ¡GULP!... ÉSTA POR TARADA, ¡GLÚP!.. ÉSTA POR NO SABER QUÉ CONTESTAR, ¡GÚLP!..ÉSTA POR
©QUINO

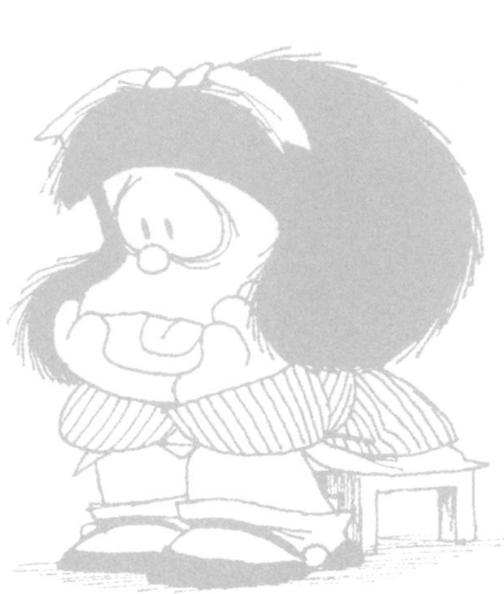

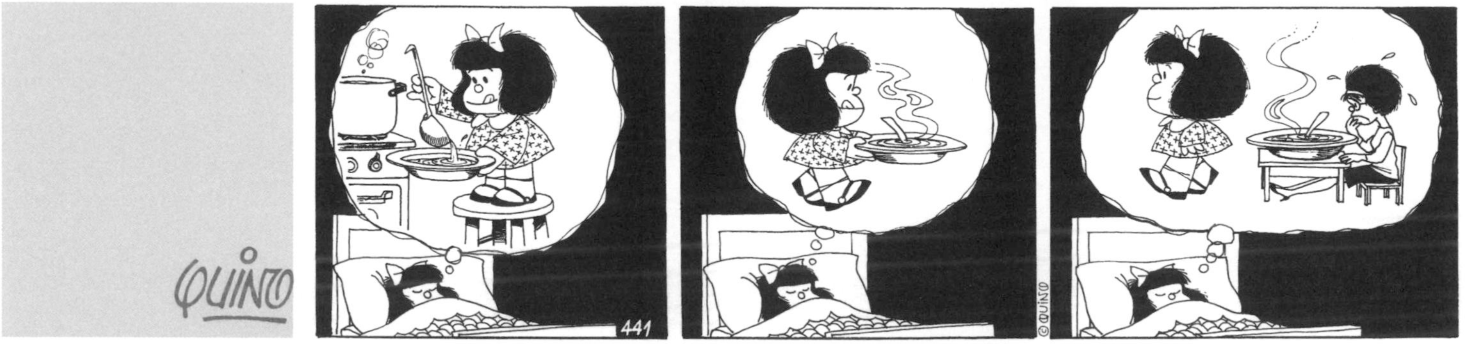

QUINO
441
©QUINO

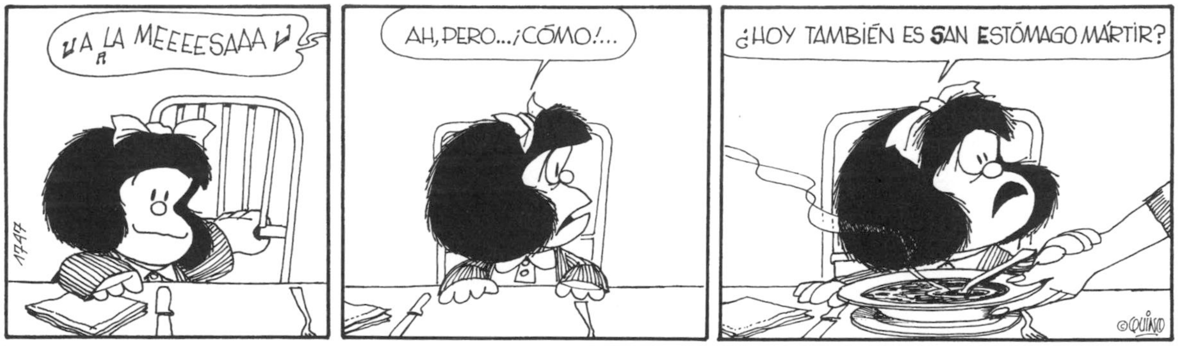

¡¡A LA MEEEESAAA!!
1747
AH, PERO...¡CÓMO!...
¿HOY TAMBIÉN ES SAN ESTÓMAGO MÁRTIR?
©QUINO

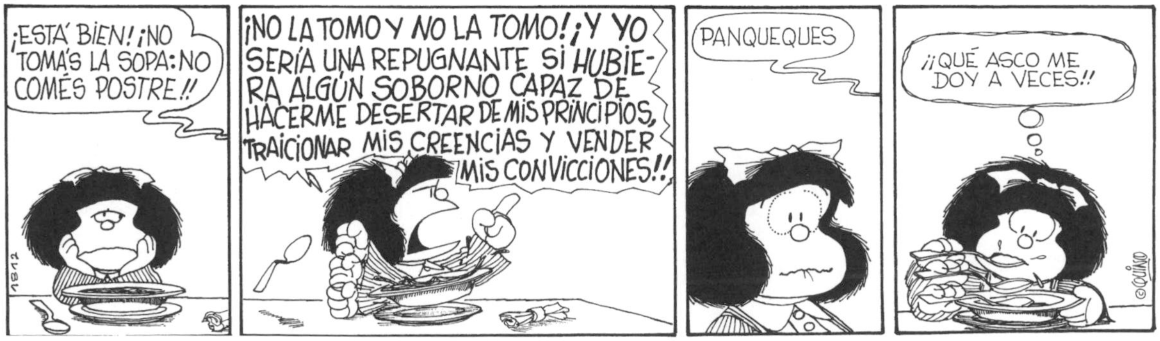

¡ESTÁ BIEN! ¡NO TOMÁS LA SOPA: NO COMÉS POSTRE!!
1812
¡NO LA TOMO Y NO LA TOMO! ¡Y YO SERÍA UNA REPUGNANTE SI HUBIERA ALGÚN SOBORNO CAPAZ DE HACERME DESERTAR DE MIS PRINCIPIOS, TRAICIONAR MIS CREENCIAS Y VENDER MIS CONVICCIONES!!
PANQUEQUES
¡¡QUÉ ASCO ME DOY A VECES!!
©QUINO

Mafalda

Mapamundi

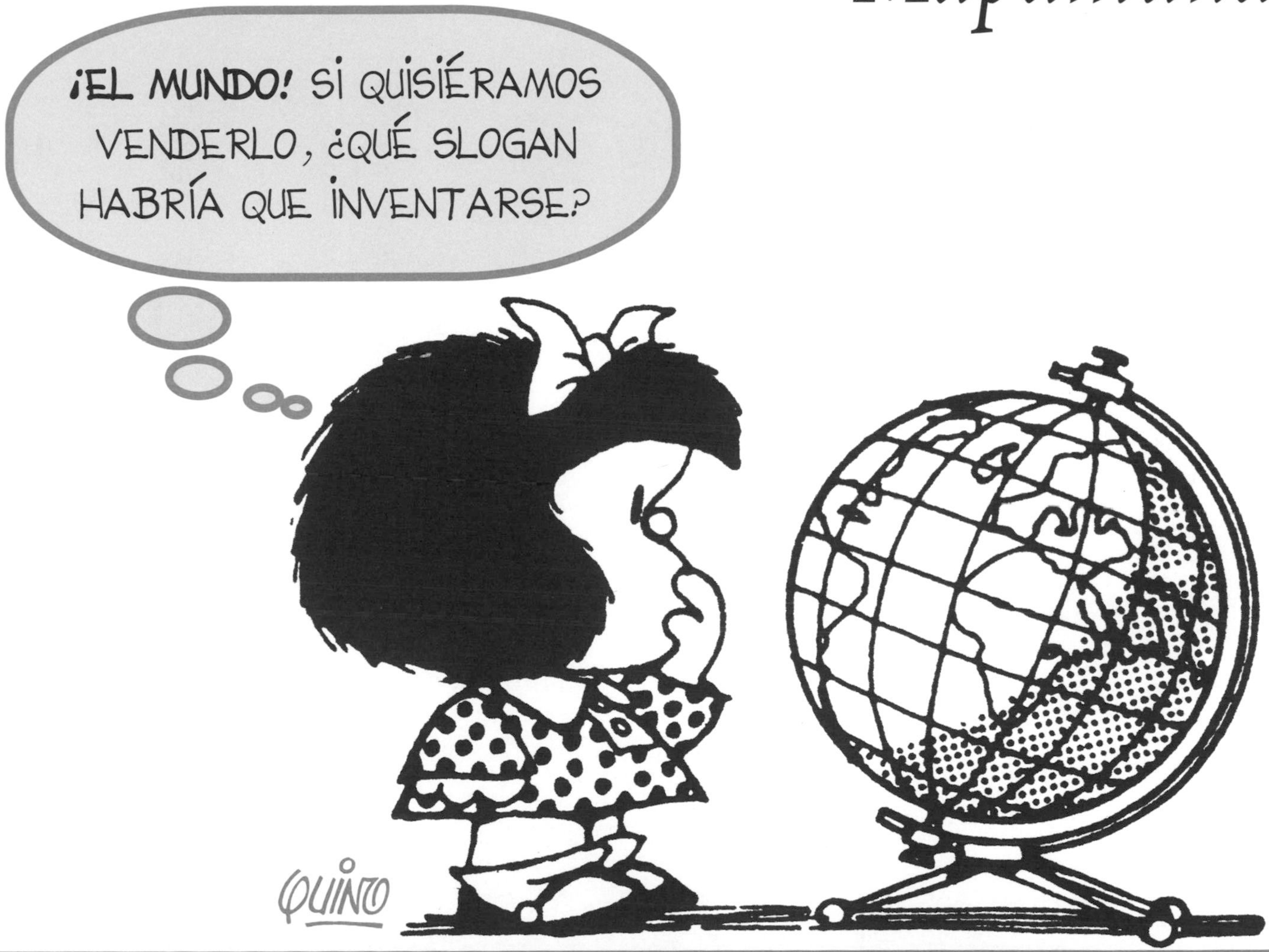
¡EL MUNDO! SI QUISIÉRAMOS VENDERLO, ¿QUÉ SLOGAN HABRÍA QUE INVENTARSE?
QUINO

Mafalda
Mapamundi

MIRÁ, ESTO ES EL MUNDO ¿VES?
¿SABÉS POR QUÉ ES LINDO ESTE MUNDO? ¿EHÉÉ?
PORQUE ES UNA MAQUETA
¡EL ORIGINAL ES UN DESASTRE!

....Y ÉSTAS HAN SIDO LAS NOTICIAS DE LA ACTUALIDAD MUNDIA
¡TIC!
SI TUVIERAS HÍGADO,.... ¡¡QUÉ HEPATITIS, ¿EH?

VAMOS A ESCUCHAR EL NOTICIOSO, A VER CÓMO SIGUE EL ENFERMO
EL ENFERMO SIGUE MAL
SANA, SANA, COLITA DE RANA, SI NO SANA HOY SANARÁ MAÑANA

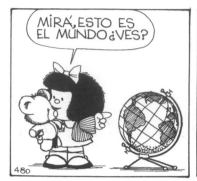

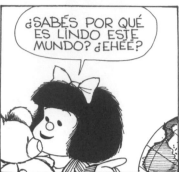

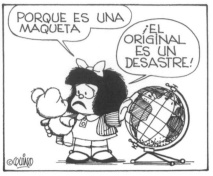

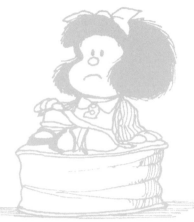

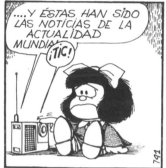

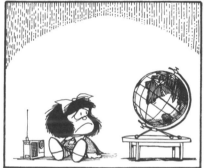

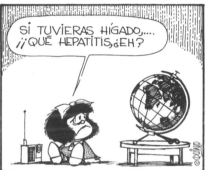

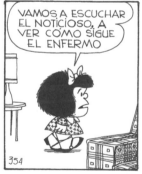

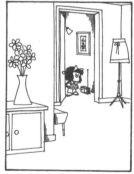

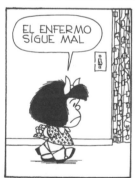

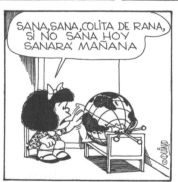

Mafalda dice que al fin y al cabo es sólo una reproducción del original, por cierto, bastante más destrozado. Pero aun así lo admira y se lo remira, le habla, le pone cremas para embellecerlo, lo mete en la cama cuando alguno de sus países enferma e intenta, aunque sin éxito, "quitarle de encima" los gobiernos malos.

Mafalda

Mapamundi

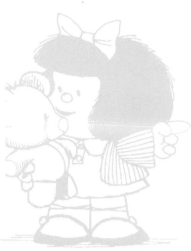

CUANDO SEA GRANDE VOY A TRABAJAR DE INTÉRPRETE EN LA U.N.
Y CUANDO UN DELEGADO LE DIGA A OTRO: "¡SU PAÍS ES UN ASCO!", YO VOY A TRADUCIR: "SU PAÍS ES UN ENCANTO" Y... ¡CLARO!, NADIE PODRÁ PELEARSE
¡Y SE ACABARÁN LOS LÍOS Y LAS GUERRAS Y EL MUNDO ESTARÁ A SALVO!
ESO SÍ; VOS PROMETEME QUE VAS A DURAR HASTA QUE YO SEA GRANDE, ¿EHÉ?
491
©QUINO

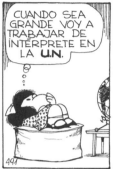

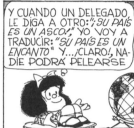

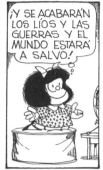

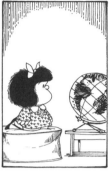

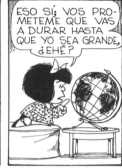

QUINO
¡MAFALDA!...
VOOOY..
140
YA QUE ME ESTÁS AYUDANDO, PASALE EL PLUMERO AL GLOBO TERRÁQUEO ¿EH?
?
©QUINO
¿LIMPIO TODOS LOS PAÍSES, O SÓLO LOS QUE TIENEN MALOS GOBIERNOS?

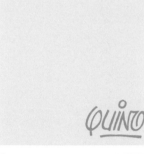

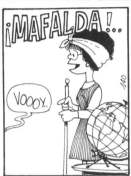

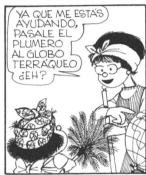

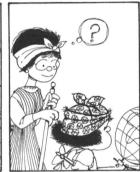

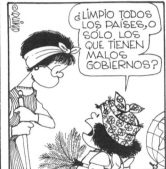

...Y ÉSTE HA SIDO EL PANORAMA MUNDIAL
692
¡MAFALDA!... ¿HAS ESTADO SACANDO MIS CREMAS?
LAS DE EMBELLECER, SOLAMENTE
©QUINO

1374
©QUINO
¿Y DIOS HABRÁ PATENTADO ESTA IDEA DEL MANICOMIO REDONDO?

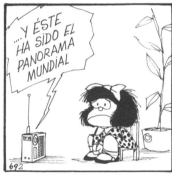

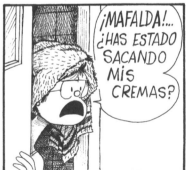

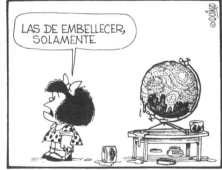

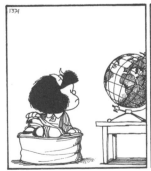

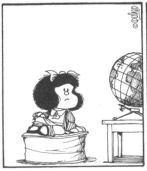

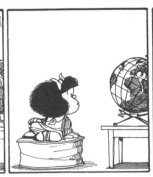

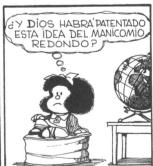

Mafalda

Televisión

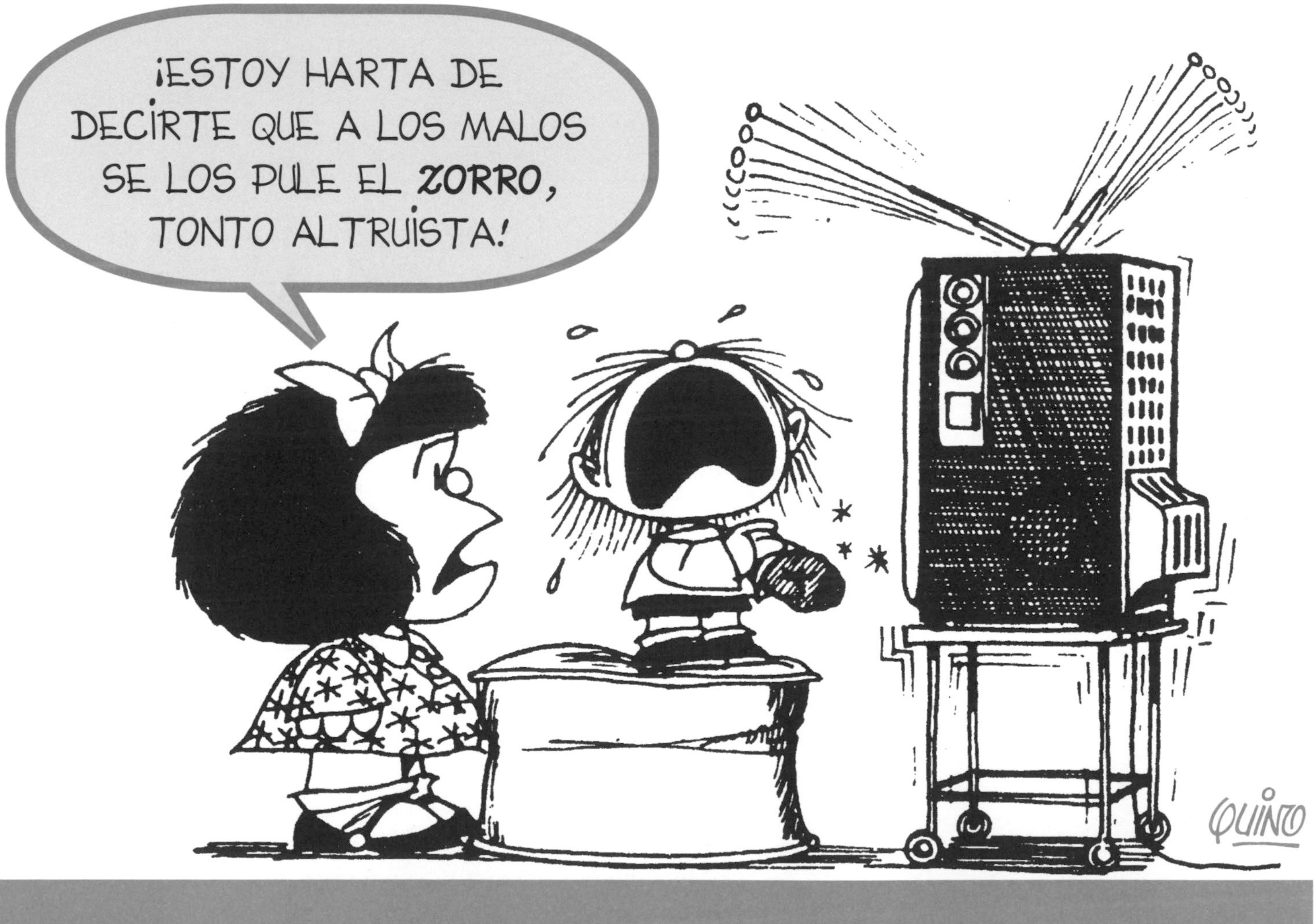

¡ESTOY HARTA DE DECIRTE QUE A LOS MALOS SE LOS PULE EL **ZORRO**, TONTO ALTRUISTA!
QUINO

Mafalda
Televisión

PERO....¿QUÉ HACÉS AQUÍ CON EL TELEVISOR DESENCHUFADO?
¡PENSAR! ALGUNA VEZ QUERÍA DARME EL GUSTO DE PODER PENSAR MIENTRAS ESTOY SENTADA MIRÁNDOLO

¿QUÉ ESTÁS VIENDO, MAFALDA?
LA PELEA
PERO....¡SI ES UN TELETEATRO! ¿QUÉ PELEA?
LA DEL LIBRETISTA; ES APASIONANTE VER CÓMO HA LUCHADO EL LIBRETISTA PARA NO CAER EN LAS GARRAS DE LA INTELIGENCIA

¿HABRÁ ALGO BUENO EN ALGÚN CANAL?
¡CLIK!
¡CLAK!
¡CLAK!
¡CLAK!
¡CLAK!
¡NADA!...¡EN TODOS HAY TELEVISIÓN!

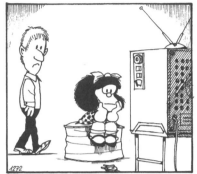

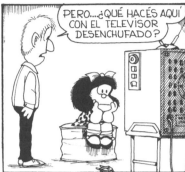

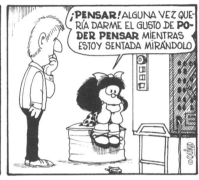

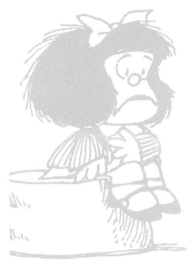

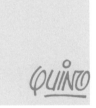

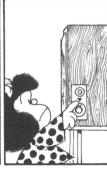

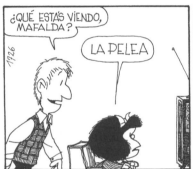

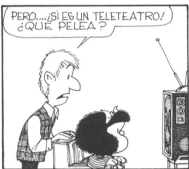

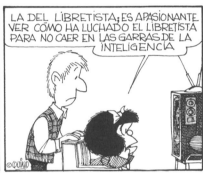

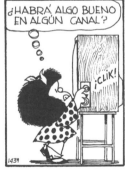

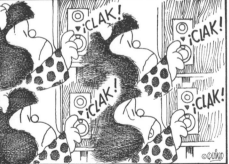

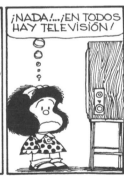

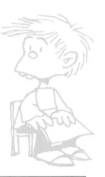

Mafalda pasa por delante de ella cuando está apagada y no ve nada; vuelve a pasar cuando está encendida y tampoco ve nada. Ella es la tele, una caja vacía de ideas y llena de pim pam pums, basura e idioteces varias. Una ventana cerrada al mundo real, y con muchos canales que a pesar de ser tantos parecen uno solo.

Mafalda
Televisión

¿HAS LEÍDO ESTO? AQUÍ DICE QUE LA TV ES UN VEHÍCULO DE CULTURA
¿UN VEHÍCULO DE CULTURA?
AJHÁ
¡TOMA!
¡BANG! ¡BANG!
¡AUGGH!
¡YO QUE LA CULTURA, ME BAJABA Y SEGUÍA DE A PIE!

CLIK!

QUINO
SE REUNIERON HOY EL PRIMER MINISTRO INGLÉS Y EL SECRETARIO GENERAL DE LA UN
ME IMAGINO QUE TRATARÍAN EL PROBLEMA DEL DESARME
AMBOS FUNCIONARIOS TRATARON EL PROBLEMA DEL DESARME
DESPUÉS DICEN QUE LA TV NOS ATROFIA LA IMAGINACIÓN

¿Y SI FUERA CIERTO QUE LA TV NOS ATROFIA LA IMAGINACIÓN A LOS CHICOS?
¿EEH?
¿EEH? ¿Y SI FUERA CIERTO?

¡DIOS MÍO, QUÉ ASCO DE PROGRAMA!
DISCULPAME, ES LA COSTUMBRE

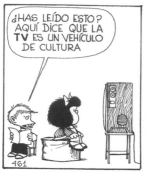

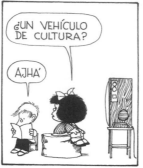

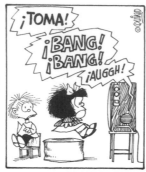

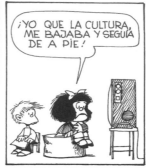

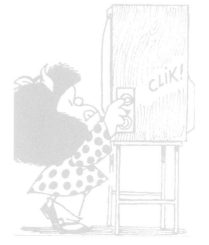

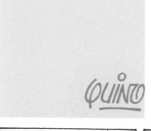

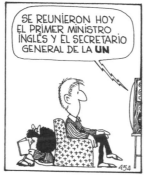

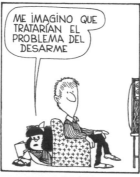

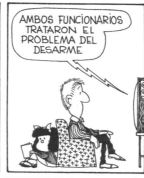

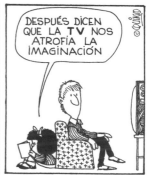

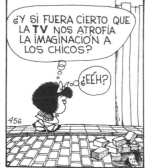

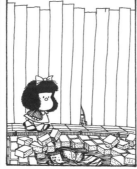

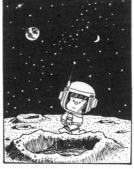

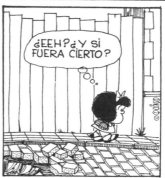

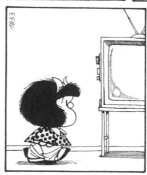

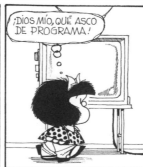

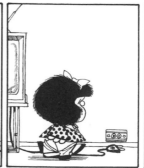

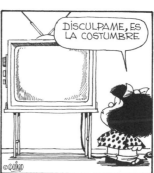

Mafalda

Colegio

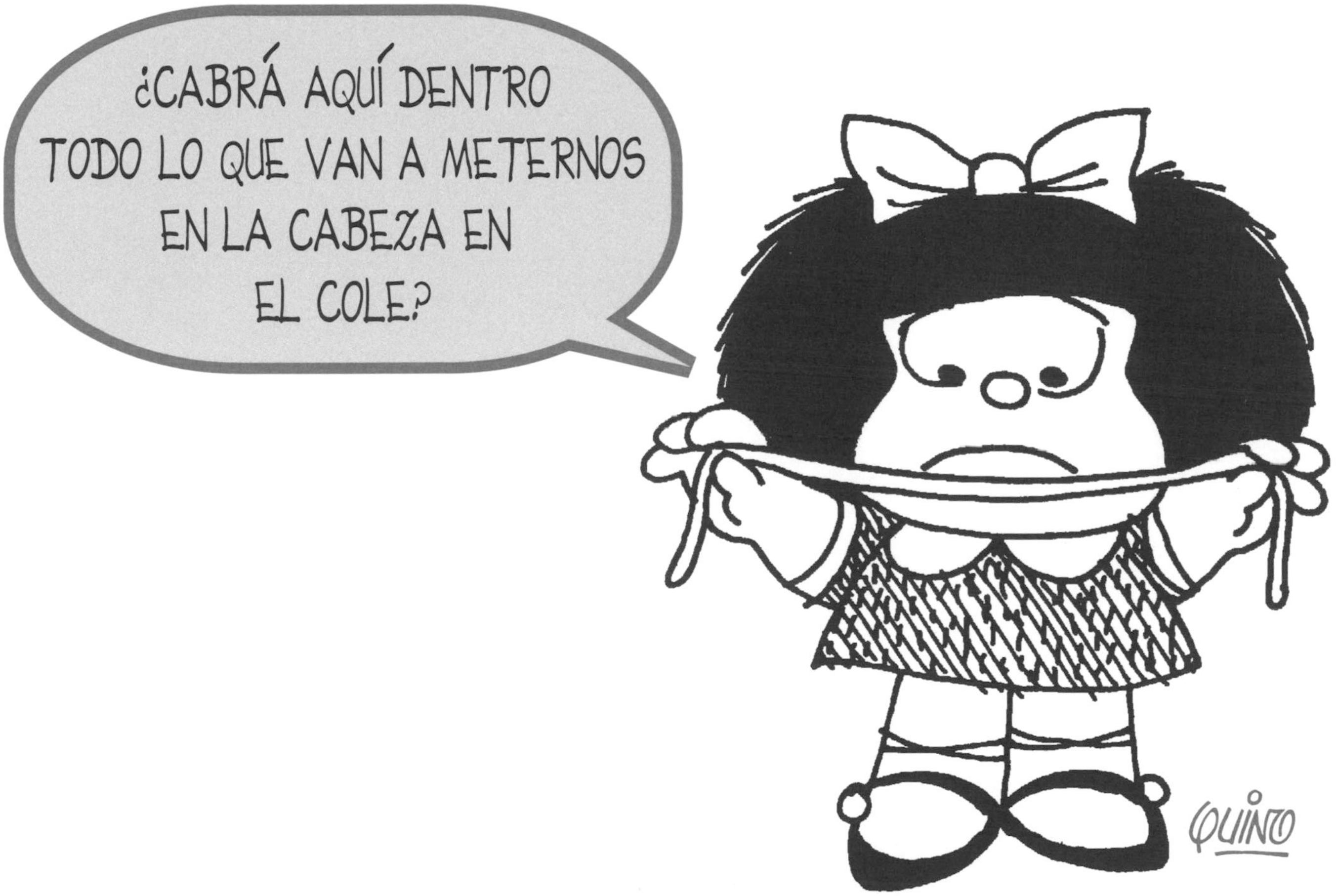

¿CABRÁ AQUÍ DENTRO TODO LO QUE VAN A METERNOS EN LA CABEZA EN EL COLE?
QUINO

YO CONFÍO
TU CONFÍAS
ÉL CONFÍA

NOSOTROS CONFIAMOS
VOSOTROS CONFIÁIS
ELLOS CONFÍAN

¿QUÉ MANGA DE INGENUOS! ¿NO?

QUINO

ESTOY EMPEZANDO A SOSPECHAR QUE CUANDO LA MAESTRA PREGUNTA ALGO NO ES PORQUE ELLA NO LO SEPA

DECIME, PAPAFRITA, ¿RECIÉN TE DAS CUENTA DE ESO, O ME ESTÁS TOMANDO EL PELO?

TE ESTOY TOMANDO EL PELO

¡ANDÁTE AL CUERNO, ENTONCES!

¡¡Y YO CONTESTÁNDOLE TODO A ESA SIMULADORA CON MÍ ESTÚPIDO TONITO PATERNAL!!

ME PREOCUPAN LOS EXÁMENES FINALES

¡VAMOS MANOLITO! VAS A VER QUE TODO SALE BIEN

..Y QUE LOS EXÁMENES NO SON TAN TERRIBLES...

....Y QUE AL FINAL RESULTAN MÁS FÁCILES DE LO QUE VOS CREÍAS

HOLA, ¿DE QUÉ HABLAN?

¡¡DE LA QUE NOS ESPERA!!

¡Cuántas cosas quiere saber Mafalda! ¿Logrará la escuela satisfacer todas sus preguntas? ¿Logrará ser menos vacía que la tele, menos indigesta que la sopa y más interesante que ciertos adultos que circulan por ahí? Pero, sobre todo, ¿logrará ir más allá del descubrimiento de América?

Mafalda
Colegio

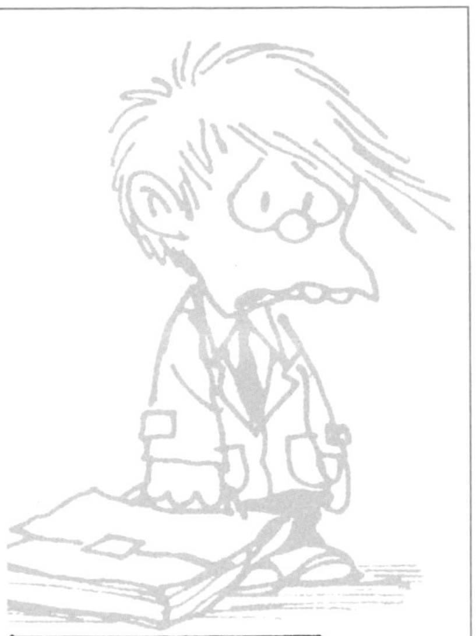

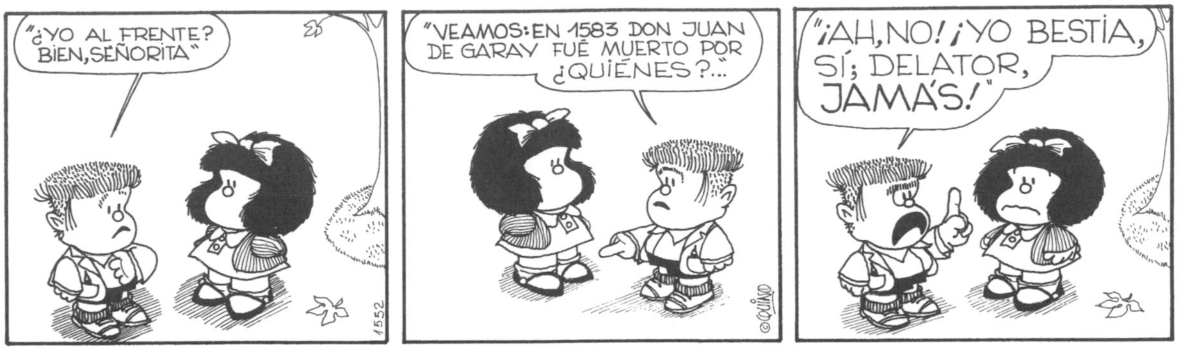
"¿YO AL FRENTE? BIEN, SEÑORITA"
"VEAMOS: EN 1583 DON JUAN DE GARAY FUÉ MUERTO POR ¿QUIÉNES?..."
"¡AH, NO! ¡YO BESTIA, SÍ; DELATOR, JAMÁS!"
1552
©QUINO

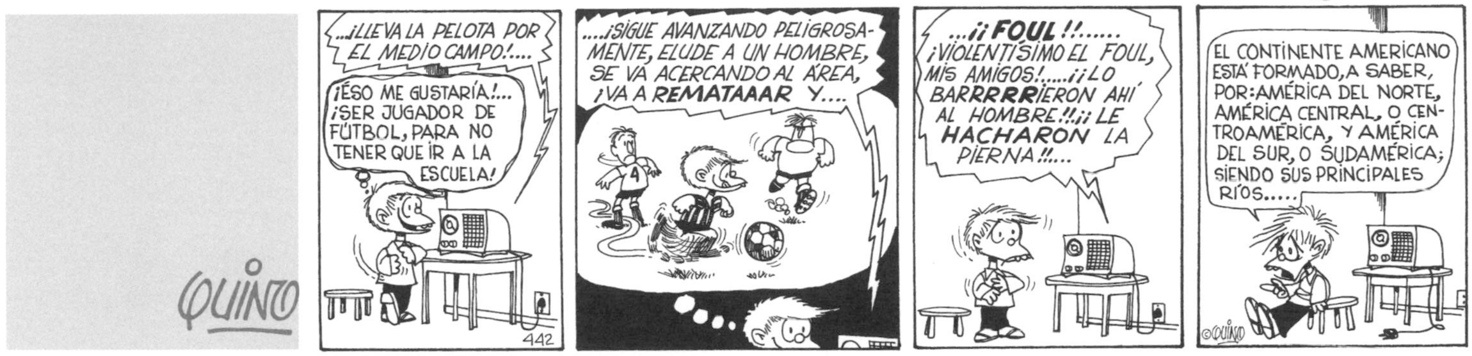
QUINO
...¡LLEVA LA PELOTA POR EL MEDIO CAMPO!....
¡ÉSO ME GUSTARÍA!... ¡SER JUGADOR DE FÚTBOL, PARA NO TENER QUE IR A LA ESCUELA!
442
....¡SIGUE AVANZANDO PELIGROSAMENTE, ELUDE A UN HOMBRE, SE VA ACERCANDO AL ÁREA, ¡VA A REMATAAAR Y....
...¡¡ FOUL !!...... ¡VIOLENTÍSIMO EL FOUL, MIS AMIGOS!.....¡¡LO BARRRRRIERON AHÍ AL HOMBRE!!¡¡ LE HACHARON LA PIERNA!!....
EL CONTINENTE AMERICANO ESTÁ FORMADO, A SABER, POR: AMÉRICA DEL NORTE, AMÉRICA CENTRAL, O CENTROAMÉRICA, Y AMÉRICA DEL SUR, O SUDAMÉRICA; SIENDO SUS PRINCIPALES RÍOS.....
©QUINO

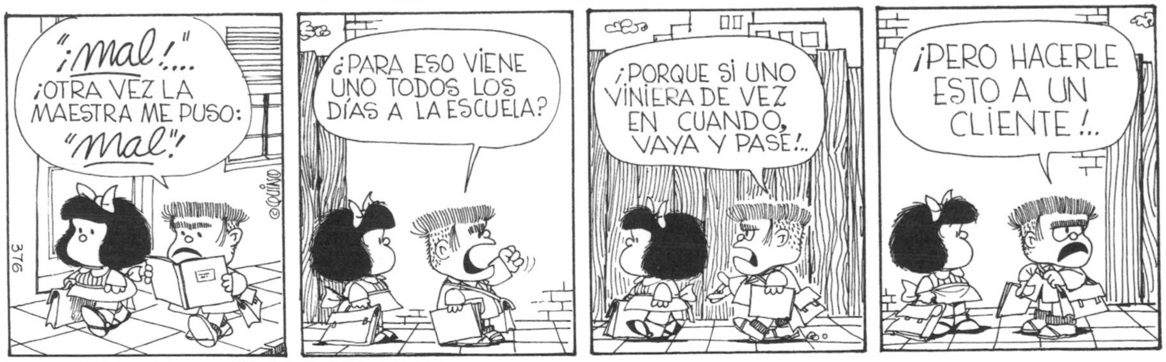
"¡mal!"... ¡OTRA VEZ LA MAESTRA ME PUSO: "mal"!
376
©QUINO
¿PARA ESO VIENE UNO TODOS LOS DÍAS A LA ESCUELA?
¡PORQUE SI UNO VINIERA DE VEZ EN CUANDO, VAYA Y PASE!..
¡PERO HACERLE ESTO A UN CLIENTE!..

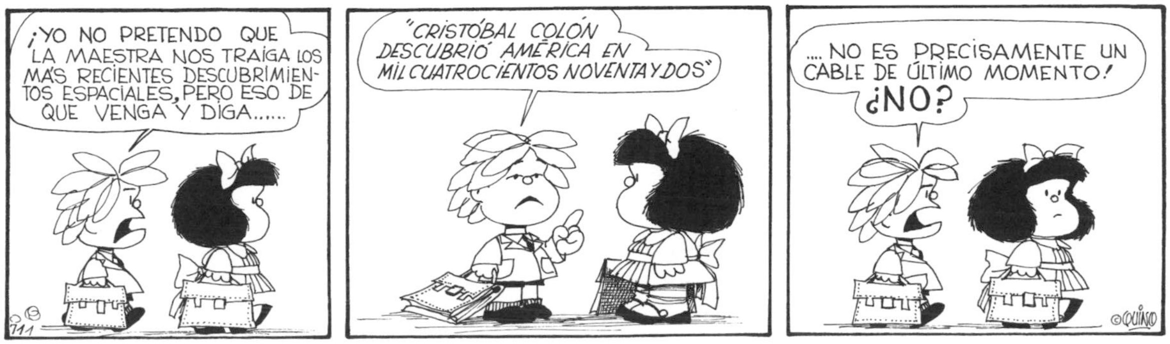
¡YO NO PRETENDO QUE LA MAESTRA NOS TRAIGA LOS MÁS RECIENTES DESCUBRIMIENTOS ESPACIALES, PERO ESO DE QUE VENGA Y DIGA......
"CRISTÓBAL COLÓN DESCUBRIÓ AMÉRICA EN MIL CUATROCIENTOS NOVENTA Y DOS"
.... NO ES PRECISAMENTE UN CABLE DE ÚLTIMO MOMENTO! ¿NO?
©QUINO

Mafalda

Juego

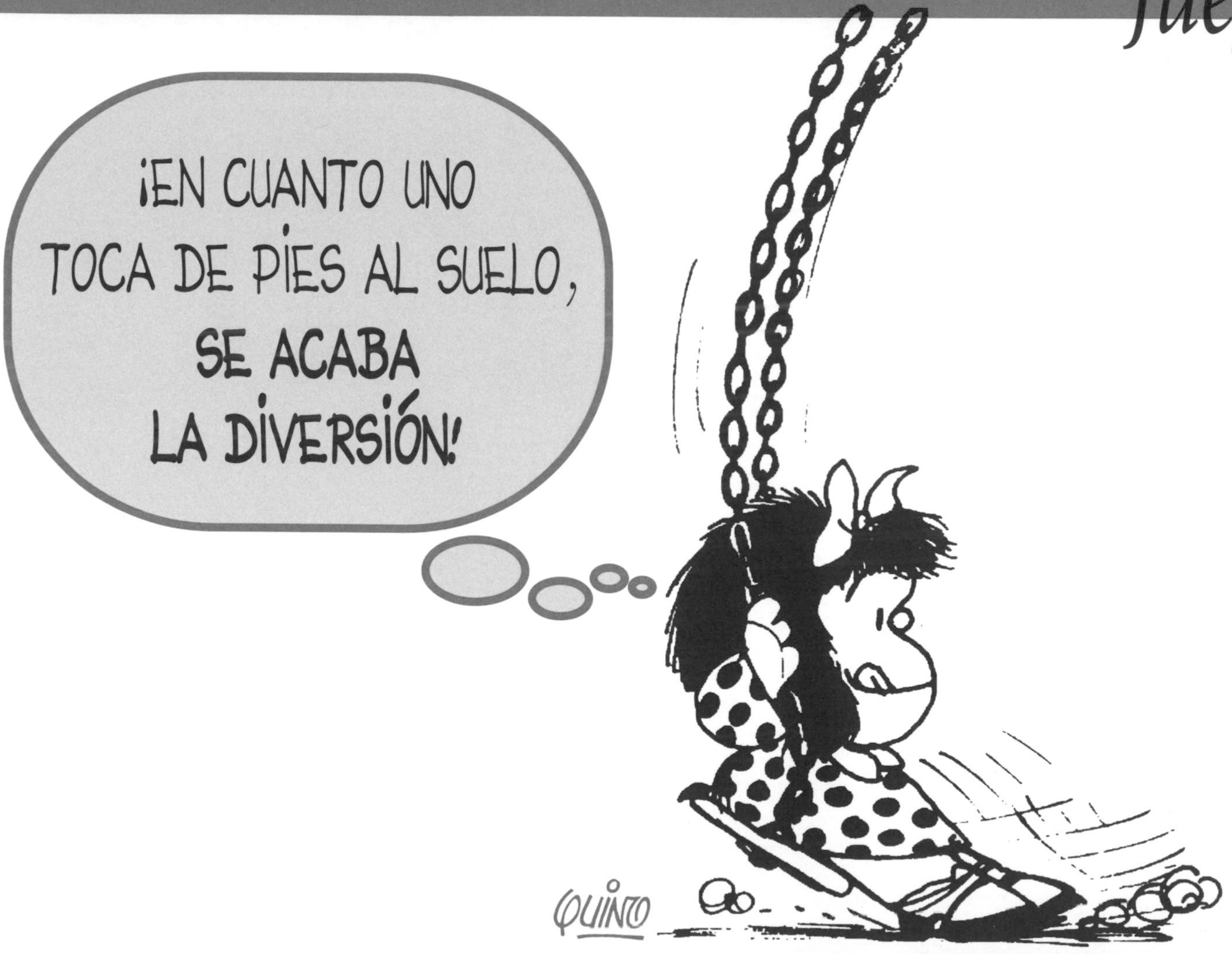
¡EN CUANTO UNO TOCA DE PIES AL SUELO, SE ACABA LA DIVERSIÓN!
QUINO

Mafalda
Juego

LO SIENTO, PERO MAFALDA TIENE QUE HACER SUS DEBERES Y NO PUEDE IR A JUGAR CON USTEDES
¡UN RATITO, SEÑORA! ¿EHÉ?
NO, NO. YA LES DIJE QUE NO
¡PERO SI LA MATAMOS ENSEGUIDA!... ¿EHÉ?
897
©QUINO

¡BANG! ¡BANG! ¡BANG! ¡BANG!
488
¡BANG! ¡BANG!
¡PÚM!
¡NO, NO Y NO! ¡PUM NO SE USA MÁS! ¿QUIÉN ES EL OBSOLETO QUE DIJO PUM?
©QUINO

¡BANG!
555
¡FFFFFFF!
©QUINO
¡PAT! ¡PAT!
PERDONÁ QUE NO ME MURIERA ANTES, PERO ES QUE EN CASA ESTÁ DESCOMPUESTO EL LAVA-RROPAS

QUINO

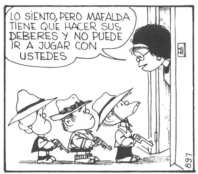

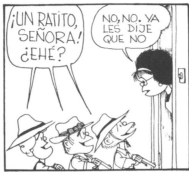

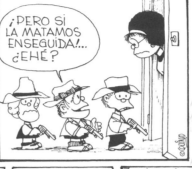

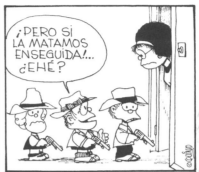

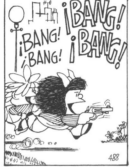

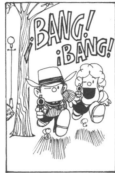

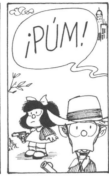

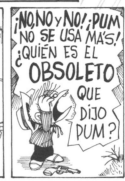

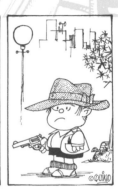

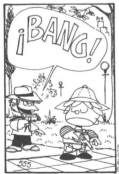

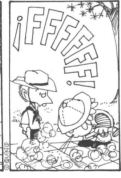

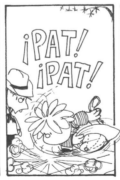

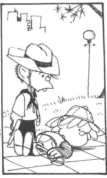

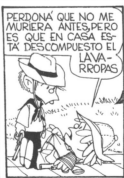

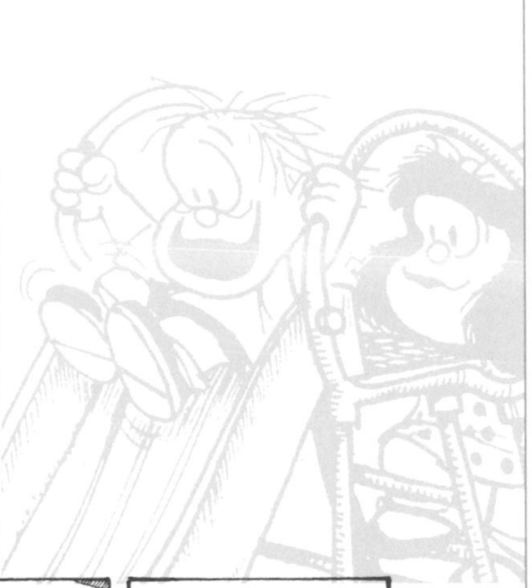

Pero, a ver, ¿existe algo auténtico en este mundo? En el universo de Mafalda el juego es algo muy serio. ¡Nada que ver con los típicos "Figura que..." o "Jugamos a que yo soy..."! ¡Ésta es una cuestión de vida o muerte, chicos! Por consiguiente, por favor, que nadie diga "PUM" cuando dispara, porque ya no se estila. ¿Es posible que entre los niños no haya nadie dispuesto a hacer de malo, con todos los malos que andan sueltos?

Mafalda
Juego

¿CÓMO ERA TODO?

BIEN, JUGUEMOS A QUE HABÍA DOS BANDOS: UNO BUENO Y OTRO MALO, ¿EH?
¡YO SOY DEL BANDO BUENO!
¡AH, NO!.. ¡SER TODOS BUENOS NO, PORQUE ASÍ NO LLEGAMOS A NADA!

¡BANG! ¡SONASTE, MIGUELITO!
¡NO, NO! ¡BANG!
LO SIENTO, PERO YO TIRÉ PRIMERO, ¿POR QUÉ JUGÁS A ESTO, SI CUANDO TE MATAN NO QUERÉS MORIRTE?
PORQUE YO LEÍ QUE LOS CHICOS NECESITAMOS JUGAR QUE MATAMOS A LOS DEMÁS PARA DESCARGAR LA AGRESIÓN QUE LLEVAMOS ADENTRO Y QUÉ SÉ YO
¡PERO SI DE ENTRADA NOMÁS ME ARRUINAN LA TERAPIA, ME VOY Y LISTO!

VEREMOS QUÉ OPINA GUILLE DEL TOBOGÁN
VEREMOS
¿ÉTE TOBOÁM? ¿ETE? ¿TÍ? ¡ÍÍÍNDO!
¡DESPACIO, GUILLE!
¡GUTA, A NENE! ¡TI! ¡INDO ÉTE TOBOÁM!

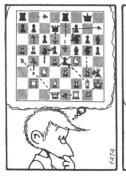

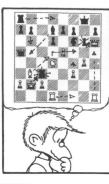

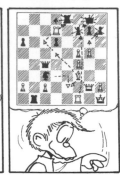

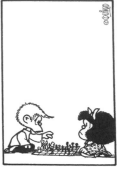

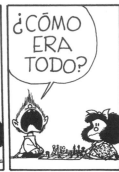

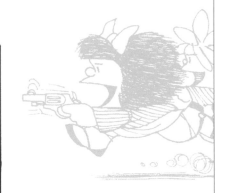

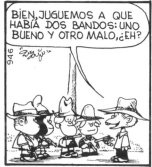

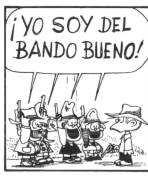

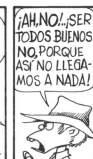

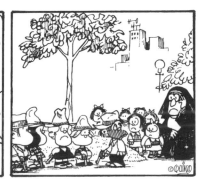

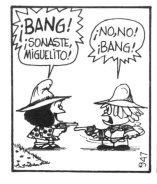

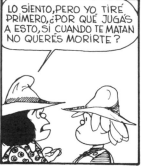

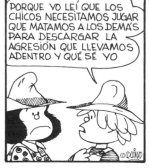

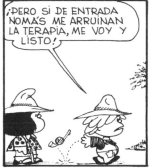

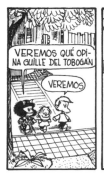

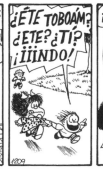

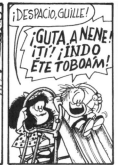

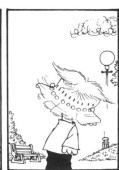

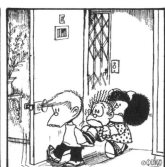

Mafalda

Beatles

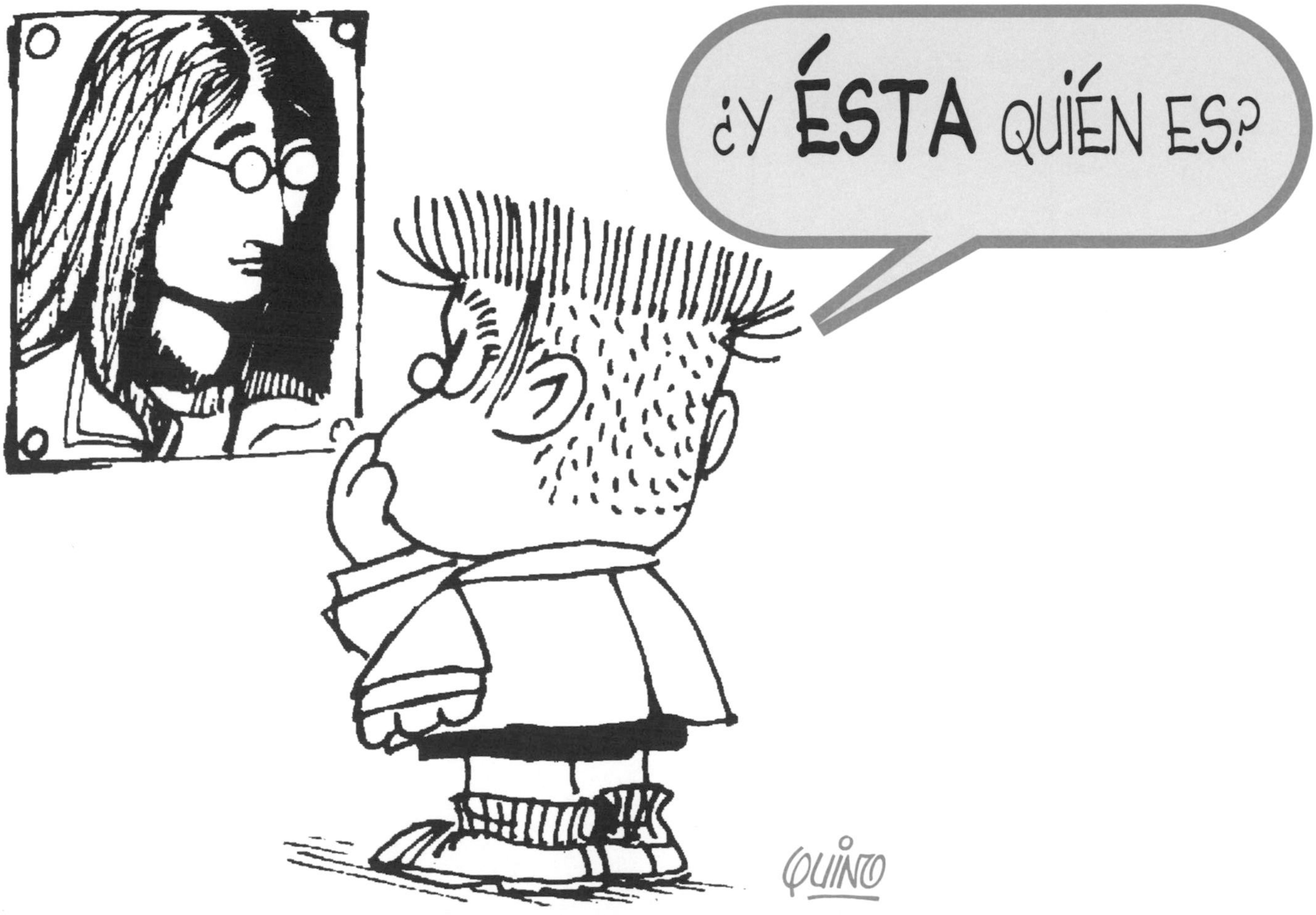

¿Y ÉSTA QUIÉN ES?
QUINO

Mafalda
Beatles

I'M LOOKING THROUGH YOU, WHERE DID YOU GO...
¡LOS BEATLES!
¡¿CÓMO PUEDEN GUSTARTE, SI NO ENTENDÉS LO QUE DICEN?
¿Y?
A MEDIO MUNDO LE GUSTAN LOS PERROS; Y HASTA EL DÍA DE HOY NADIE SABE QUÉ QUIERE DECIR GUAU
546
©QUINO

Quino

Maestra
Deber
Maruja B
"Las Invasiones Inglesas"
Deber
Beatriz
"Las Invasiones Inglesas"
Deber
Mafalda M
"Las Invasiones Inglesas"
¡VIVAN LOS Beatles
Y LOS Rolling Stones
¡Yeah!
1160
©QUINO

¡LOS BEATLES!... ¿CÓMO PUEDEN GUSTARLE A LA GENTE UNOS INFRADOTADOS DÁNDOLE TODO EL TIEMPO A LA GUITARRITA?
415
¡YEAH! ¡YEAH!
¡QUÉ ASCO DE GENERACIÓN!
©QUINO

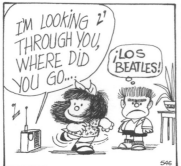

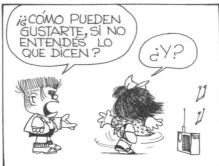

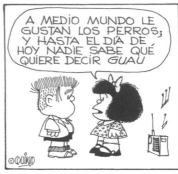

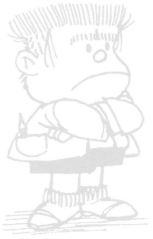

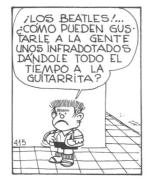

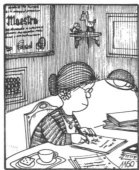

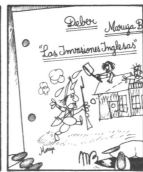

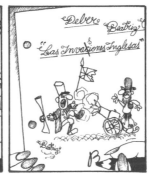

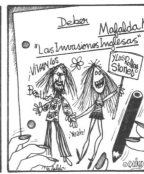

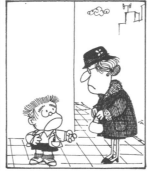

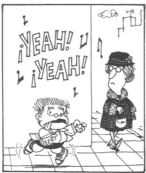

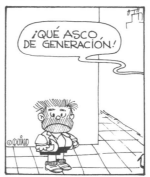

¿Que hay alguien a quien no les gustan? ¡Imposible! ¿Hay hermanos pequeños que se duermen escuchando su música? ¡Increíble! ¿Existen personas que no los conocen? ¡Sencillamente demencial! Estamos hablando de los Beatles, no de cuatro colgados cualquiera. No hay una edad para amarlos. No, al menos, para Mafalda.

Mafalda
Beatles

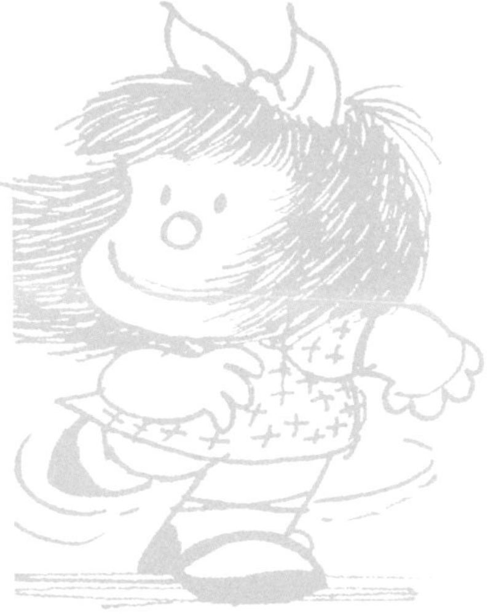

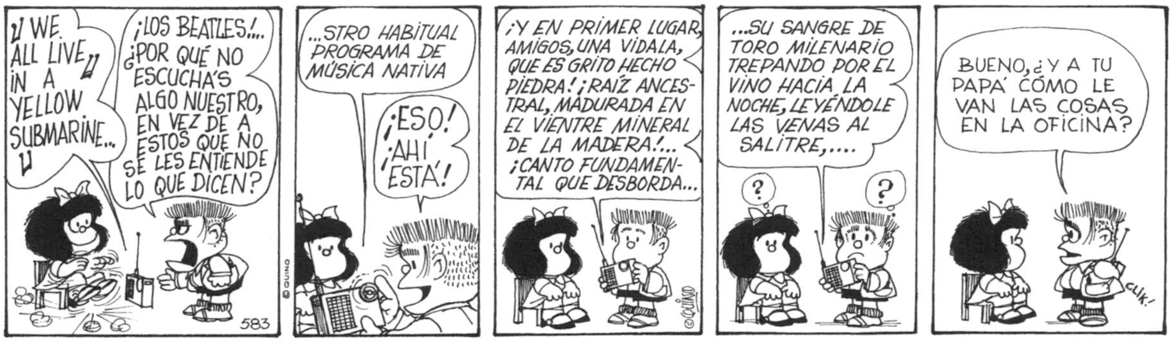
♪ WE ALL LIVE ♪ IN A YELLOW SUBMARINE... ♪
¡LOS BEATLES!... ¿POR QUÉ NO ESCUCHA'S ALGO NUESTRO, EN VEZ DE A ESTOS QUE NO SE LES ENTIENDE LO QUE DICEN?
583
...STRO HABITUAL PROGRAMA DE MÚSICA NATIVA
¡ESO! ¡AHÍ ESTÁ!
¡Y EN PRIMER LUGAR, AMIGOS, UNA VIDALA, QUE ES GRITO HECHO PIEDRA! ¡RAÍZ ANCESTRAL, MADURADA EN EL VIENTRE MINERAL DE LA MADERA!... ¡CANTO FUNDAMENTAL QUE DESBORDA...
...SU SANGRE DE TORO MILENARIO TREPANDO POR EL VINO HACIA LA NOCHE, LEYÉNDOLE LAS VENAS AL SALITRE,....
? ?
BUENO, ¿Y A TU PAPÁ CÓMO LE VAN LAS COSAS EN LA OFICINA?
CLIK!

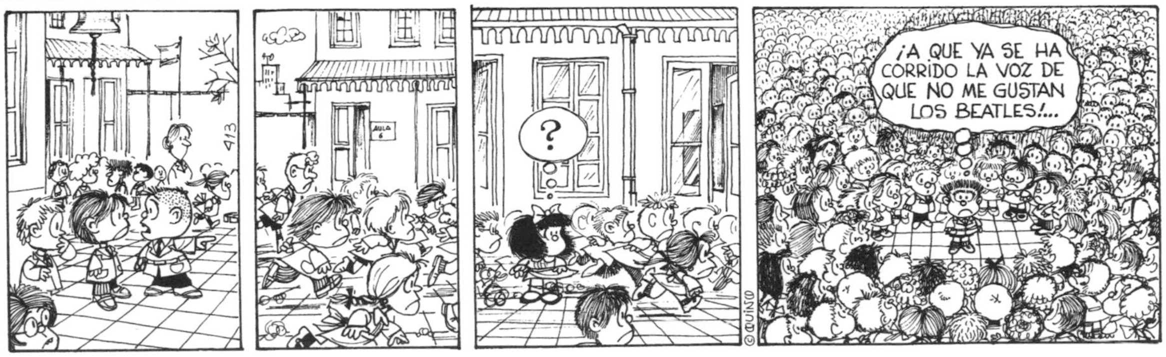
413
?
¡A QUE YA SE HA CORRIDO LA VOZ DE QUE NO ME GUSTAN LOS BEATLES!...

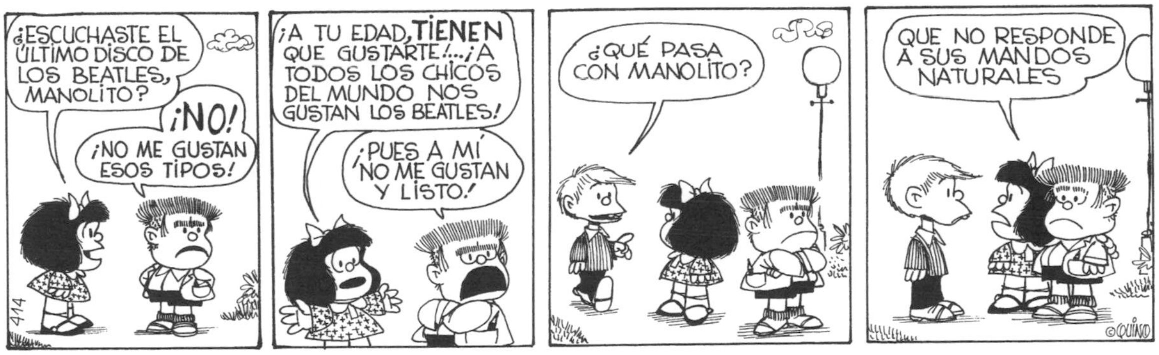
¿ESCUCHASTE EL ÚLTIMO DISCO DE LOS BEATLES, MANOLITO?
¡NO!
¡NO ME GUSTAN ESOS TIPOS!
414
¡A TU EDAD, TIENEN QUE GUSTARTE!... ¡A TODOS LOS CHICOS DEL MUNDO NOS GUSTAN LOS BEATLES!
¡PUES A MÍ NO ME GUSTAN Y LISTO!
¿QUÉ PASA CON MANOLITO?
QUE NO RESPONDE A SUS MANDOS NATURALES

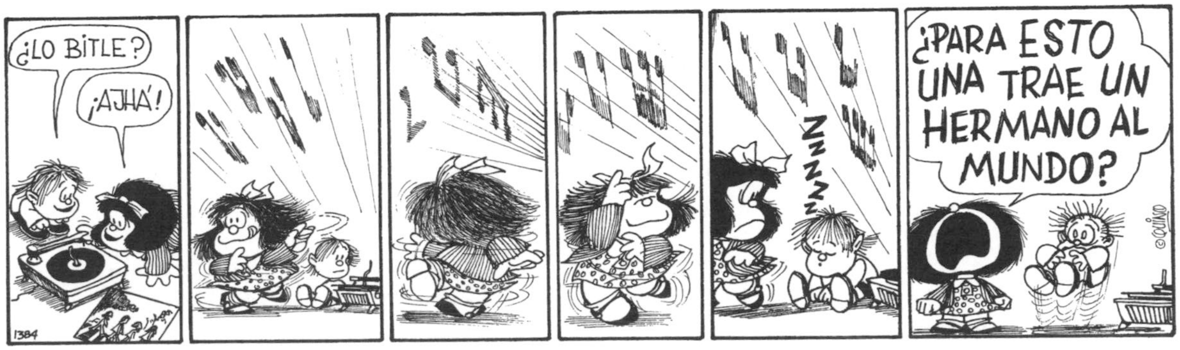
¿LO BITLE?
¡AJHÁ!
1384
¿PARA ESTO UNA TRAE UN HERMANO AL MUNDO?

Mafalda

Deberes

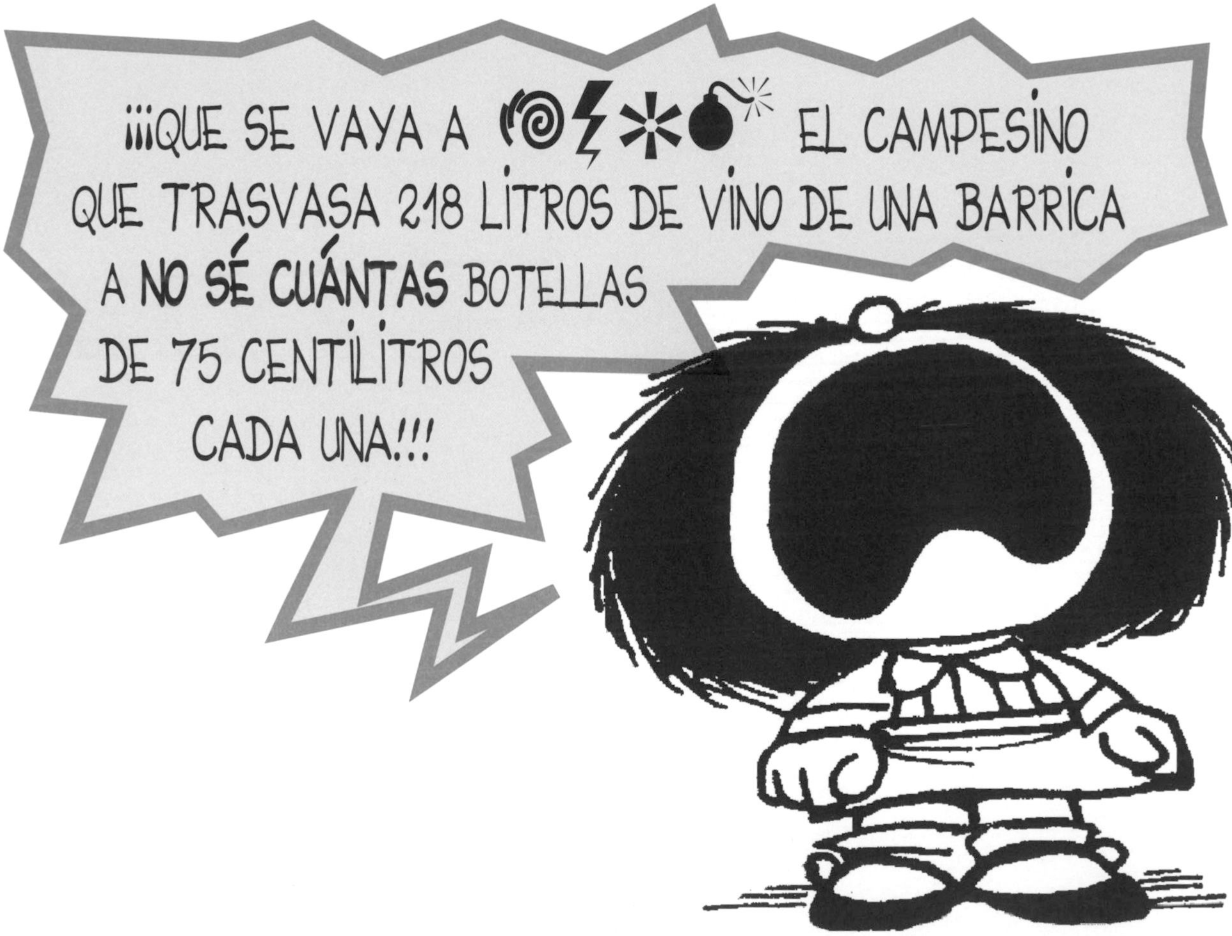
¡¡¡QUE SE VAYA A EL CAMPESINO QUE TRASVASA 218 LITROS DE VINO DE UNA BARRICA A **NO SÉ CUÁNTAS** BOTELLAS DE 75 CENTILITROS CADA UNA!!!
QUINO

Mafalda
Deberes

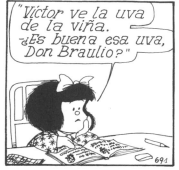

"Víctor ve la uva de la viña. -¿Es buena esa uva, Don Braulio?"
"-Sí, Víctor, esa uva es buena. -¡Don Braulio, vea los barriles de buen vino!"
HABRÍA QUE LEVANTAR UN MONUMENTO A ESTOS SACRIFICADOS AUTORES QUE EN VEZ DE ESCRIBIR COSAS TRASCENDENTES PREFIEREN ENSEÑARNOS A LEER
691
©QUINO

QUINO
SE ACERCA EL 12 DE OCTUBRE Y CADA AÑO LA MISMA HISTORIA
Composición Tema: Cristóbal Colón
Hace muchísimos años Colón inventó que la Tierra era toda redonda
Entonces agarró y empezó a machacar con que la Tierra es redonda y con que la Tierra es redonda, pero nadie le creía
Lo triste es que al final resultó que era redonda no más y el pobre nunca vio un centavo de "ROYALTY". Fin
©QUINO

PRIMERO EXPLOTÓ EL CALEFÓN Y VOLÓ LA MITAD DE MI CASA,....
...LUEGO REVENTARON LAS CAÑERÍAS Y SE INUNDÓ TODO EL RESTO, MIENTRAS UN CORTOCIRCUITO INCENDIABA LO QUE SOBRESALÍA DEL AGUA,...
...MÁS TARDE VINIERON UNOS LADRONES Y NOS ROBARON LO QUE QUEDABA,...
...Y DESPUÉS, AL BORRAR UN POCO SE ME ROMPIÓ LA HOJA DEL DEBER, SEÑORITA
688
©QUINO

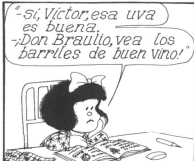

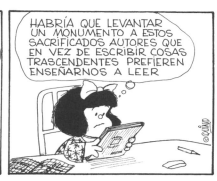

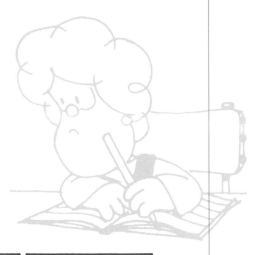

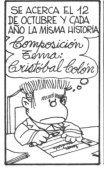

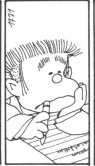

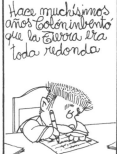

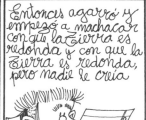

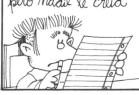

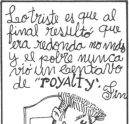

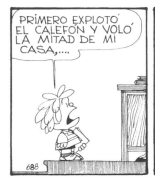

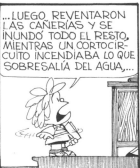

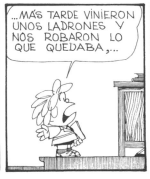

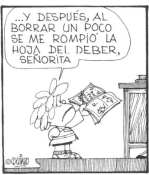

Existen, pero si no existieran, ni falta que harían. No al menos para los niños que conocemos nosotros, los de este planeta, para entendernos. Se trata de los deberes, esos misterios que para ser resueltos necesitan cada día una traducción del "deberés" a la lengua de los niños

Mafalda

Deberes

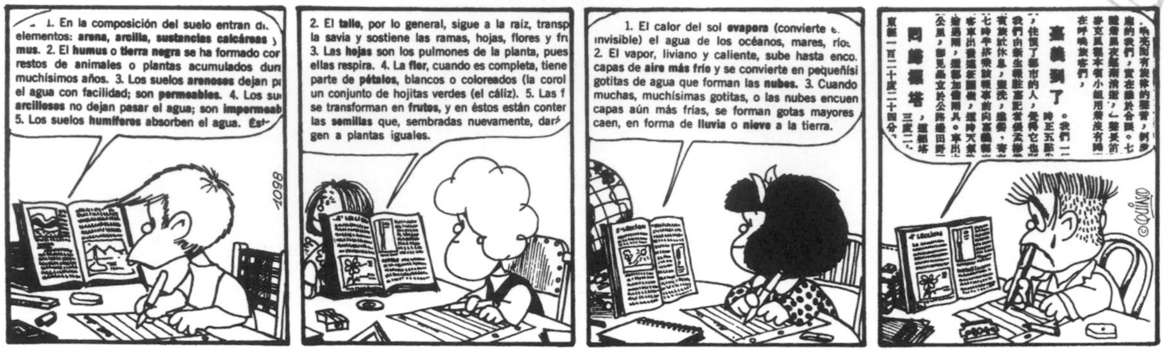

1. En la composición del suelo entran d… elementos: arena, arcilla, sustancias calcáreas … mus. 2. El humus o tierra negra se ha formado cor… restos de animales o plantas acumulados dur… muchísimos años. 3. Los suelos arenosos dejan p… el agua con facilidad; son permeables. 4. Los su… arcillosos no dejan pasar el agua; son impermeab… 5. Los suelos humíferos absorben el agua. Est…
1098
2. El tallo, por lo general, sigue a la raíz, transp… la savia y sostiene las ramas, hojas, flores y fr… 3. Las hojas son los pulmones de la planta, pues… ellas respira. 4. La flor, cuando es completa, tiene… parte de pétalos, blancos o coloreados (la corol… un conjunto de hojitas verdes (el cáliz). 5. Las f… se transforman en frutos, y en éstos están conter… las semillas que, sembradas nuevamente, dar… gen a plantas iguales.
1. El calor del sol evapora (convierte e… invisible) el agua de los océanos, mares, río… 2. El vapor, liviano y caliente, sube hasta enco… capas de aire más frío y se convierte en pequeñísi… gotitas de agua que forman las nubes. 3. Cuando muchas, muchísimas gotitas, o las nubes encuen… capas aún más frías, se forman gotas mayores… caen, en forma de lluvia o nieve a la tierra.
©QUINO

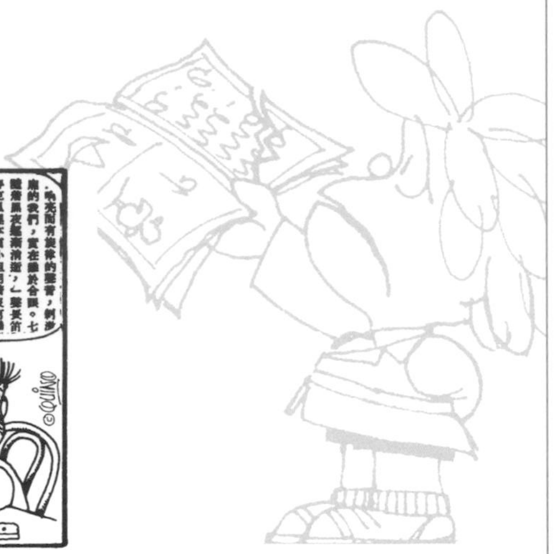

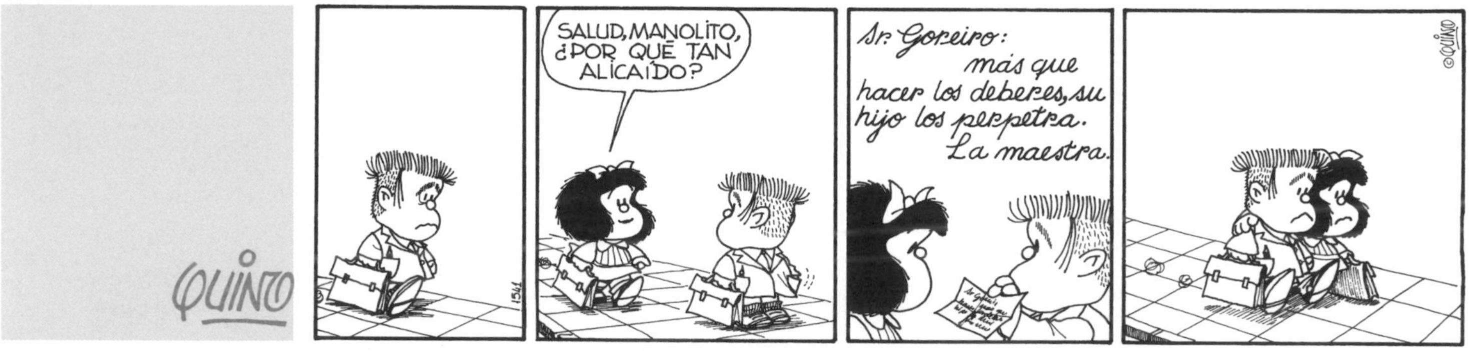

QUINO
1541
SALUD, MANOLITO, ¿POR QUÉ TAN ALICAÍDO?
Sr. Goreiro: más que hacer los deberes, su hijo los perpetra. La maestra.
©QUINO

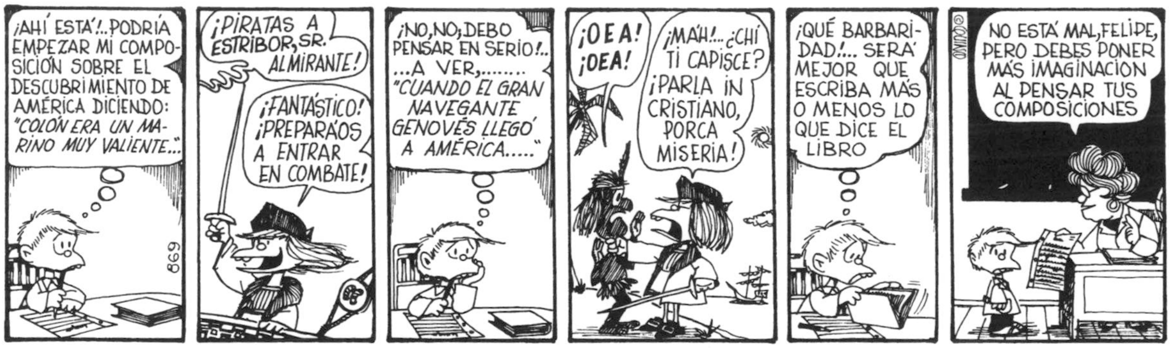

¡AHÍ ESTÁ!... PODRÍA EMPEZAR MI COMPOSICIÓN SOBRE EL DESCUBRIMIENTO DE AMÉRICA DICIENDO: "COLÓN ERA UN MARINO MUY VALIENTE..."
869
¡PIRATAS A ESTRIBOR, SR. ALMIRANTE!
¡FANTÁSTICO! ¡PREPARAOS A ENTRAR EN COMBATE!
¡NO, NO; DEBO PENSAR EN SERIO!... ...A VER,....... "CUANDO EL GRAN NAVEGANTE GENOVÉS LLEGÓ A AMÉRICA....."
¡OEA! ¡OEA!
¡MA'H!... ¿CHÍ TI CAPISCE? ¡PARLA IN CRISTIANO, PORCA MISERIA!
¡QUÉ BARBARIDAD!... SERÁ MEJOR QUE ESCRIBA MÁS O MENOS LO QUE DICE EL LIBRO
©QUINO
NO ESTÁ MAL, FELIPE, PERO DEBES PONER MÁS IMAGINACIÓN AL PENSAR TUS COMPOSICIONES

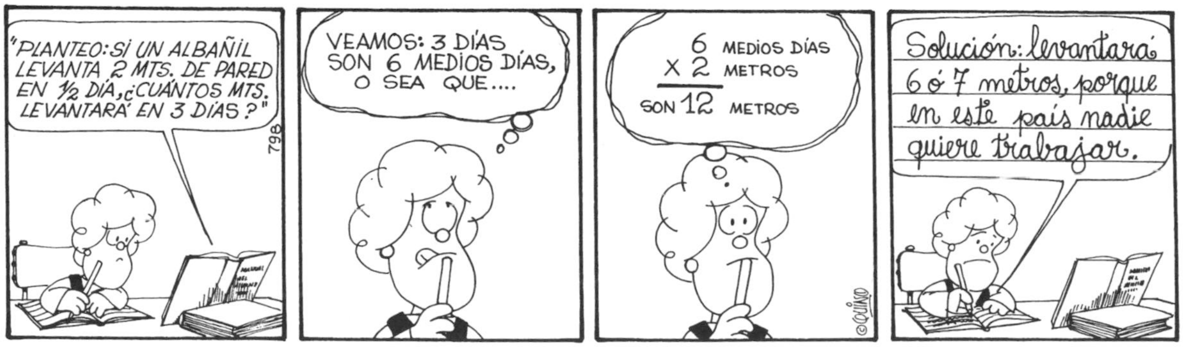

"PLANTEO: SI UN ALBAÑIL LEVANTA 2 MTS. DE PARED EN 1/2 DÍA, ¿CUÁNTOS MTS. LEVANTARÁ EN 3 DÍAS?"
798
VEAMOS: 3 DÍAS SON 6 MEDIOS DÍAS, O SEA QUE....
6 MEDIOS DÍAS
X 2 METROS
SON 12 METROS
©QUINO
Solución: levantará 6 ó 7 metros, porque en este país nadie quiere trabajar.

Mafalda

Paz

¡¿LOS CAÑONES SON LOS RULOS DE LA LIBERTAD?!

QUINO

Mafalda

Paz

¡EJHÉM!
¡¡DESDE ESTA HUMILDE SILLITA FORMULO UN EMOTIVO LLAMADO A LA PAZ MUNDIAL!!
¡TOTAL!... PARECE QUE HOY EN DÍA, EL VATICANO, LA UN. Y MI SILLITA TIENEN EL MISMO PODER DE CONVICCIÓN

NUEVA GESTION PARA LOGRAR EL DESARME
¡NOC!
¡DESPUÉS SOY YO LA PESIMISTA!...

¡TUP!
¡QUÉ!.......¿LES HA DADO POR HACERSE LOS SIMBÓLICOS?

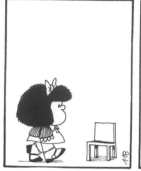

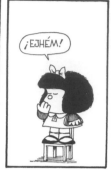

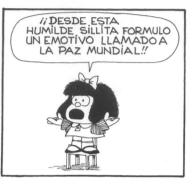

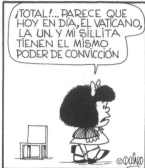

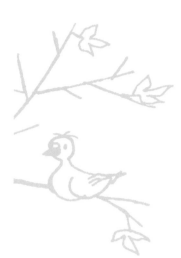

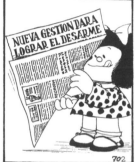

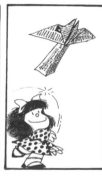

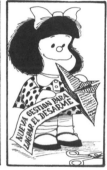

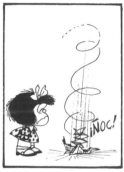

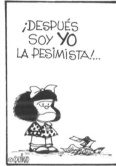

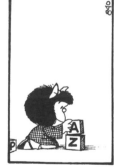

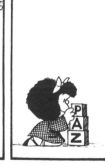

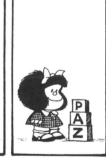

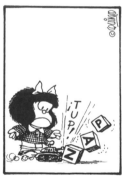

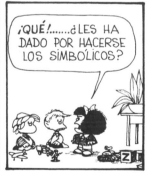

¿Sabéis de algún estudiante que no quiera entender las divisiones? A Mafalda también le gustaría. Pero las divisiones que ella querría entender, de una vez por todas, no son las de los números sino las de los pueblos. ¿Es posible que no exista ninguna maestra que las sepa explicar?

Mafalda
Paz

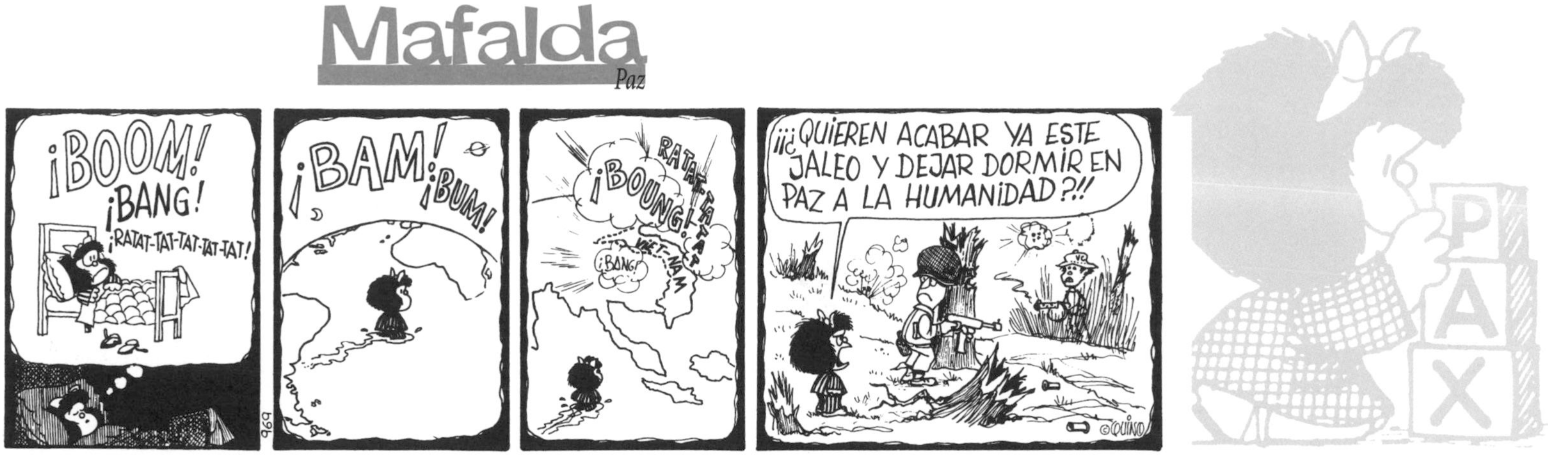
¡BOOM!
¡BANG!
¡RATAT-TAT-TAT-TAT-TAT!
969
¡BAM!
¡BUM!
¡BOUNG!
RATAT-TA-TAT
¡BANG!
VIET-NAM
¡¡¿QUIEREN ACABAR YA ESTE JALEO Y DEJAR DORMIR EN PAZ A LA HUMANIDAD?!!
©QUINO

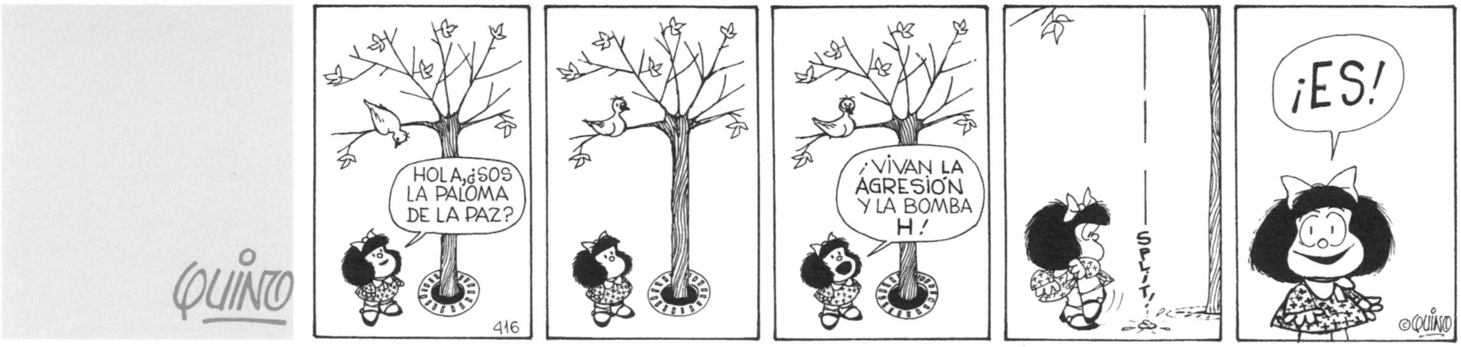
QUINO
HOLA, ¿SOS LA PALOMA DE LA PAZ?
416
¡VIVAN LA AGRESIÓN Y LA BOMBA H!
SPLIT!
¡ES!
©QUINO

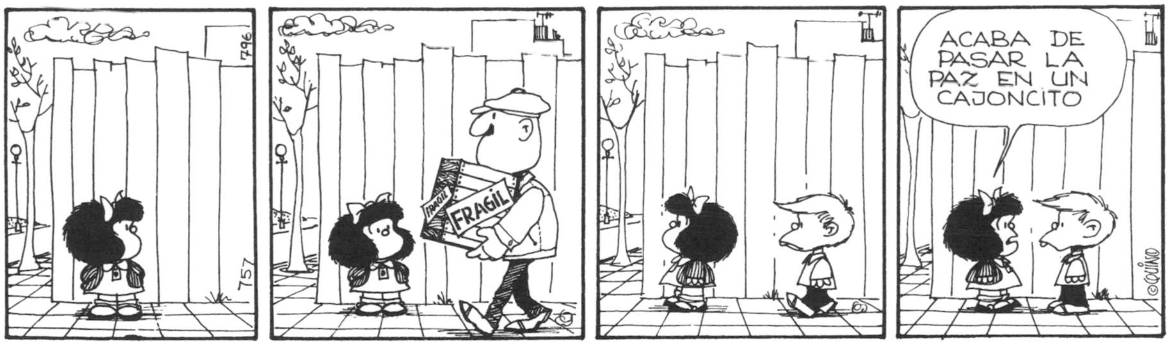
757
FRAGIL
ACABA DE PASAR LA PAZ EN UN CAJONCITO
©QUINO

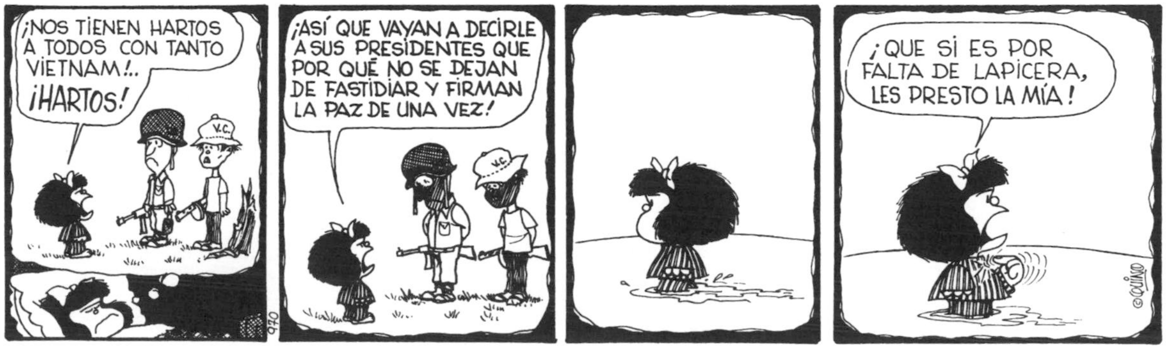
¡NOS TIENEN HARTOS A TODOS CON TANTO VIETNAM!..
¡HARTOS!
V.C.
970
¡ASÍ QUE VAYAN A DECIRLE A SUS PRESIDENTES QUE POR QUÉ NO SE DEJAN DE FASTIDIAR Y FIRMAN LA PAZ DE UNA VEZ!
¡QUE SI ES POR FALTA DE LAPICERA, LES PRESTO LA MÍA!
©QUINO

Mafalda

Preguntas

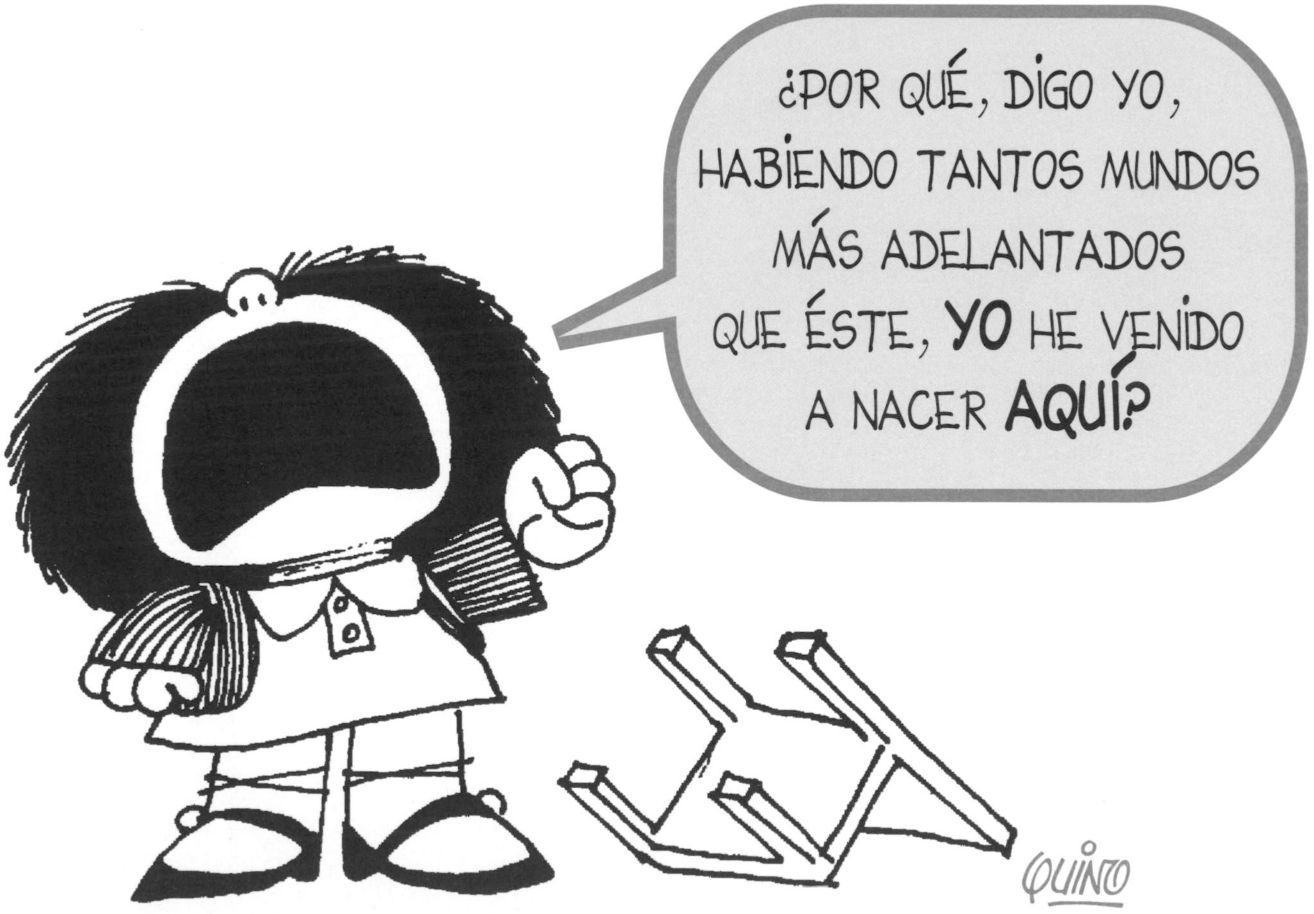
¿POR QUÉ, DIGO YO, HABIENDO TANTOS MUNDOS MÁS ADELANTADOS QUE ÉSTE, **YO** HE VENIDO A NACER **AQUÍ**?
QUINO

Mafalda
Preguntas

¿TE PUEDO HACER UNA PREGUNTA, PAPÁ?
¡NO!
¡TUS PREGUNTAS SIEMPRE TRAEN PROBLEMAS! ¡YA LAS CONOZCO!
¡BUENO, BUENO!.. ¡ESTÁ BIEN!..
¡TE QUEDARÁS CON LA DUDA DE **QUÉ** ES LO QUE QUERÍA PREGUNTARTE!
¡SIEMPRE SERÁ MEJOR!
¿MAFALDITA? ¿DORMÍS?

¿POR QUÉ HAY GENTE POBRE, MAMÁ?
Y...BUENO...PUES.. ...ESTEEE.... ENFÍN...
¡ESPERÁ, ESPERÁ!
NO SOSPECHÉ QUE MÍ PREGUNTA FUERA TAN INTERESANTE

"...RESPONDER SENCILLA Y CLARAMENTE A LAS PREGUNTAS DE LOS HIJOS ACRECIENTA LA COMUNICACIÓN Y LA CONFIANZA DE ÉSTOS HACIA SUS PADRES"
¡"SENCILLA Y CLARAMENTE"!... ¡ASÍ RESPONDERÉ DESDE HOY A LAS PREGUNTAS DE MAFALDA!
PAPÁ, ¿PODRÍAS EXPLICARME PORQUÉ FUNCIONA TAN MAL LA HUMANIDAD?
¿SE HA DORMIDO?

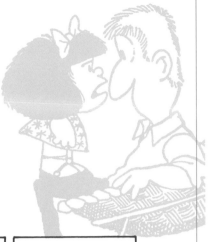

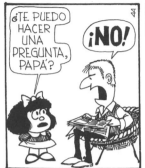

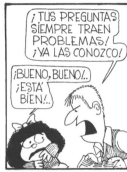

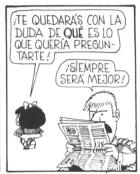

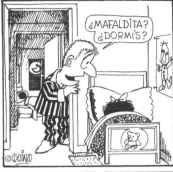

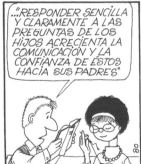

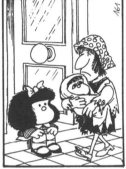

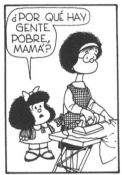

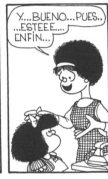

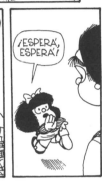

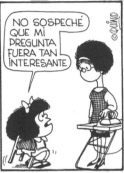

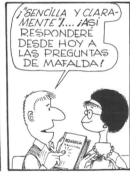

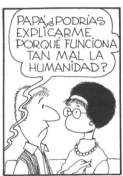

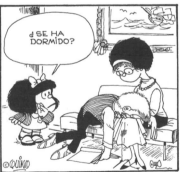

Las suyas son tantas, que es casi tan difícil llevar la cuenta como responderlas. Mafalda pregunta a todos sobre todo. Pregunta eso que todos nos preguntamos pero no todos tenemos el valor de preguntar. Pregunta eso que no nos preguntamos y ella no entiende por qué no nos lo preguntamos. Quién sabe si existiría Mafalda de no existir las preguntas.

Mafalda

Preguntas

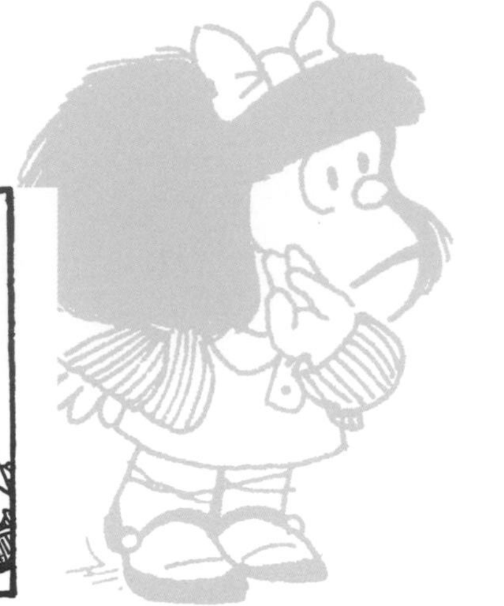

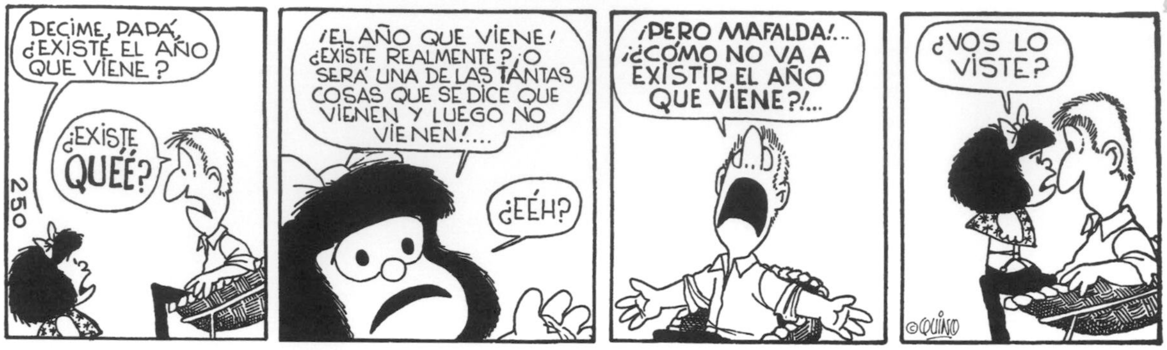
DECIME, PAPÁ, ¿EXISTE EL AÑO QUE VIENE?
¿EXISTE QUEÉ?
250
¡EL AÑO QUE VIENE! ¿EXISTE REALMENTE? ¿O SERÁ UNA DE LAS TANTAS COSAS QUE SE DICE QUE VIENEN Y LUEGO NO VIENEN!....
¿EÉH?
¡PERO MAFALDA!... ¿¿CÓMO NO VA A EXISTIR EL AÑO QUE VIENE?!...
¿VOS LO VISTE?
©QUINO

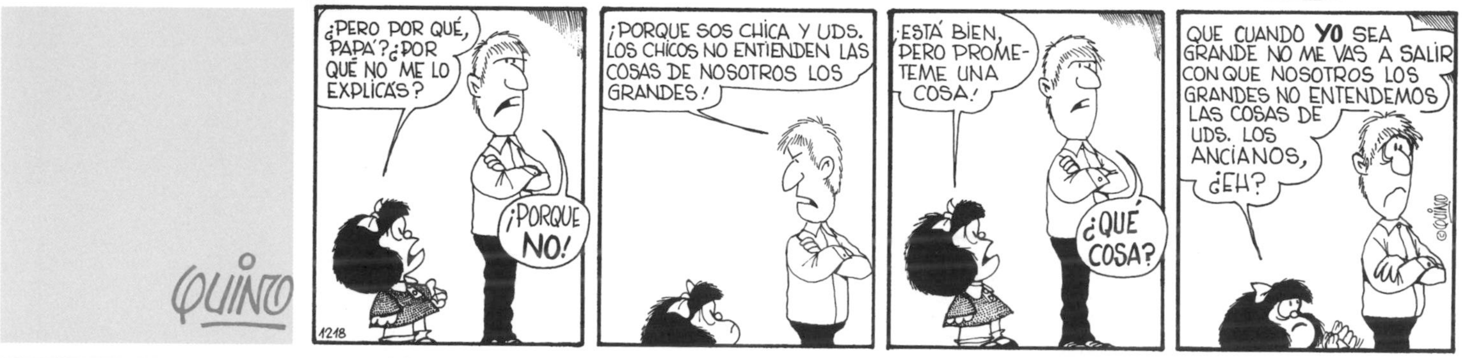
¿PERO POR QUÉ, PAPÁ? ¿POR QUÉ NO ME LO EXPLICÁS?
¡PORQUE NO!
1218
¡PORQUE SOS CHICA Y UDS. LOS CHICOS NO ENTIENDEN LAS COSAS DE NOSOTROS LOS GRANDES!
¡ESTÁ BIEN, PERO PROMETEME UNA COSA!
¿QUÉ COSA?
QUE CUANDO YO SEA GRANDE NO ME VAS A SALIR CON QUE NOSOTROS LOS GRANDES NO ENTENDEMOS LAS COSAS DE UDS. LOS ANCIANOS, ¿EH?
©QUINO

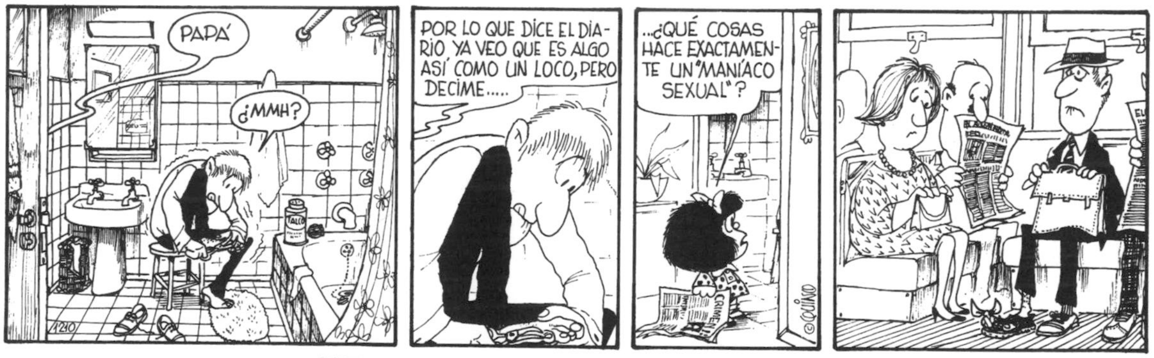
PAPÁ
¿MMH?
1210
POR LO QUE DICE EL DIARIO, YA VEO QUE ES ALGO ASÍ COMO UN LOCO, PERO DECIME.....
...¿QUÉ COSAS HACE EXACTAMENTE UN "MANÍACO SEXUAL"?
©QUINO

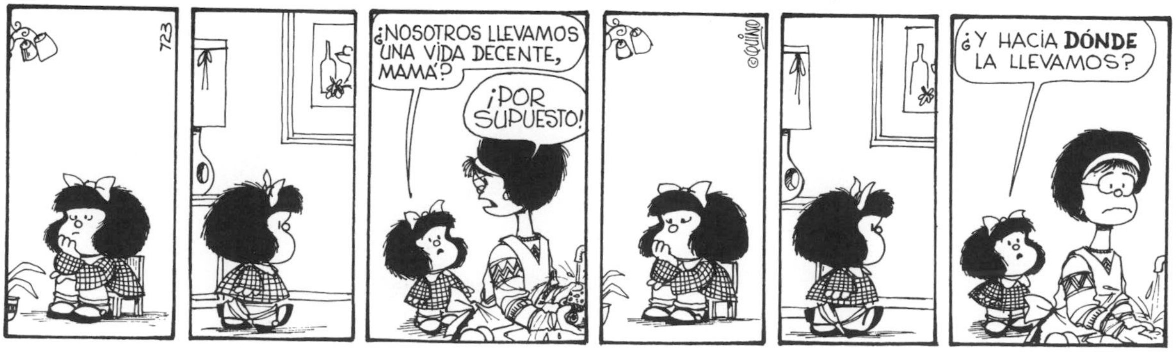
723
¿NOSOTROS LLEVAMOS UNA VIDA DECENTE, MAMÁ?
¡POR SUPUESTO!
©QUINO
¿Y HACIA DÓNDE LA LLEVAMOS?

Mafalda

Mamá

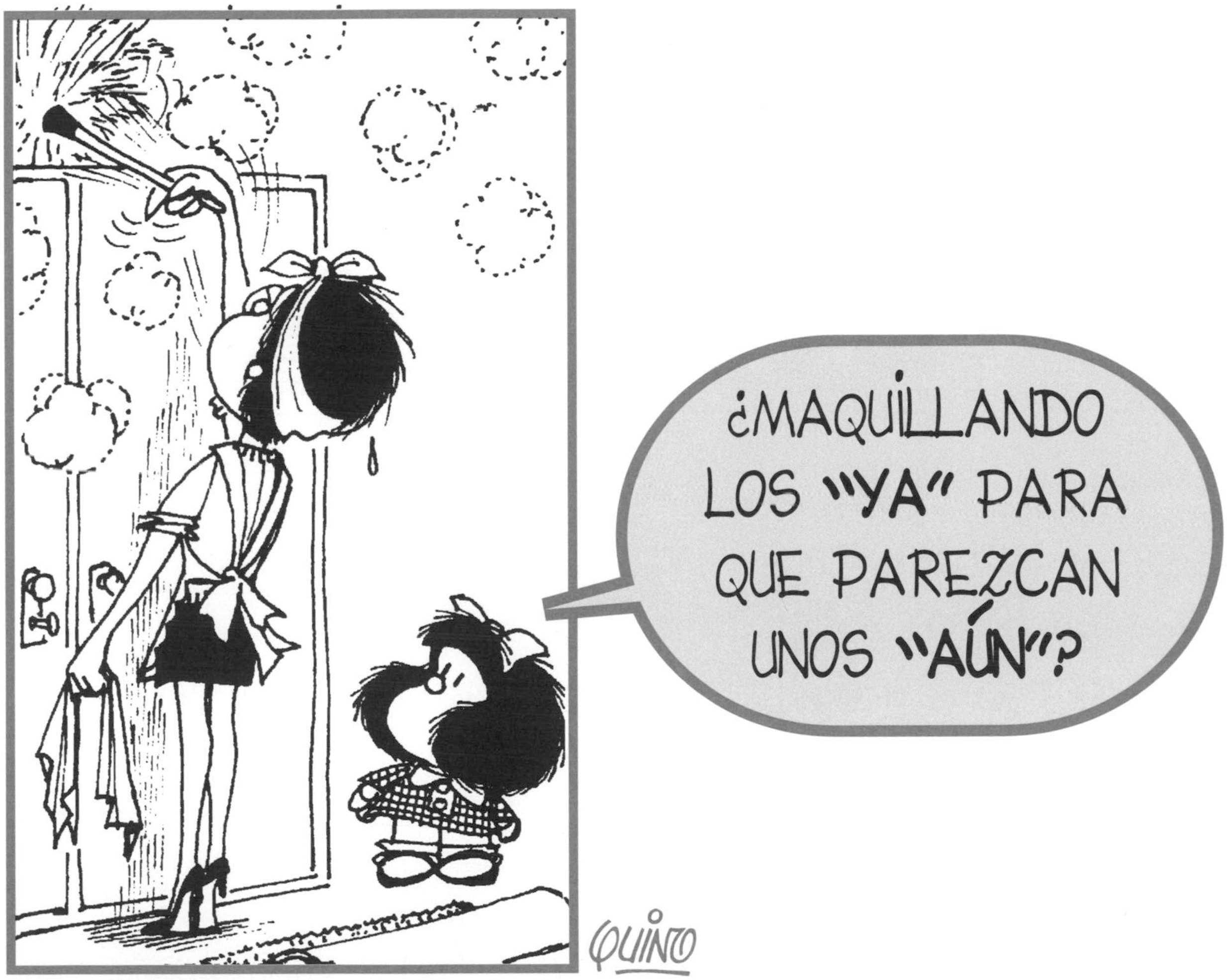

¿MAQUILLANDO LOS "YA" PARA QUE PAREZCAN UNOS "AÚN"?
QUINO

Mafalda

Mamá

PERO... ¿POR QUÉ TENGO QUE HACERLO?
¡¡PORQUE TE LO ORDENO YO, QUE SOY TU MADRE!!
¡¡SI ES CUESTIÓN DE TÍTULOS, YO SOY TU HIJA!
¡Y NOS GRADUAMOS EL MISMO DÍA! ¿O NO?

QUINO
MAMÁ, ¿QUÉ TE GUSTARÍA SER SI VIVIERAS?

MAMÁ, ¿VOS QUÉ FUTURO LE VES A ESE MOVIMIENTO POR LA LIBERACIÓN DE LA MUJNO, NADA, OLVIDALO

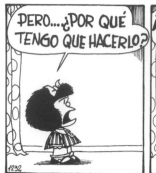

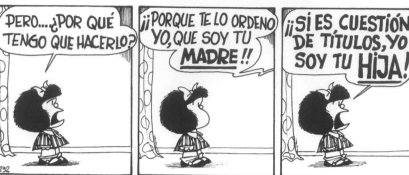

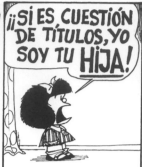

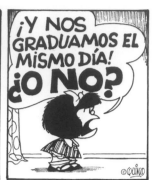

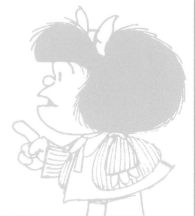

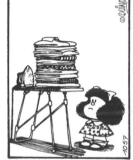

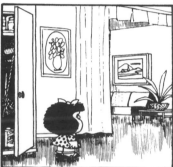

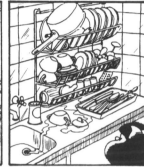

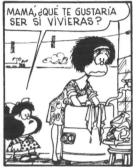

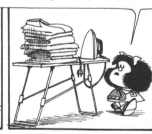

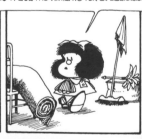

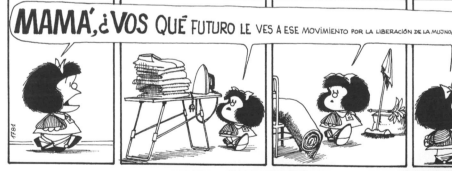

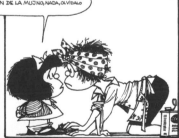

Pañuelo anudado a la cabeza y fregona en la mano. Compra, limpieza y cazuelas. Luego de nuevo pañuelo y fregona, compra, limpieza y cazuelas. O sea "mamá", o sea "no exactamente lo que Mafalda sueña con ser algún día". Sobre todo si cazuelas significan sopa.

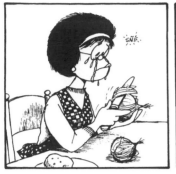

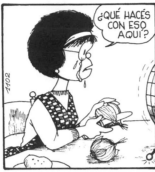

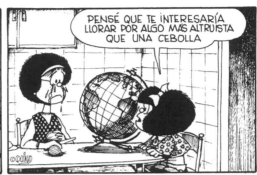

Mafalda

Mamá

SÑIF
¿QUÉ HACÉS CON ESO AQUÍ?
1102
PENSÉ QUE TE INTERESARÍA LLORAR POR ALGO MÁS ALTRUISTA QUE UNA CEBOLLA
©QUINO

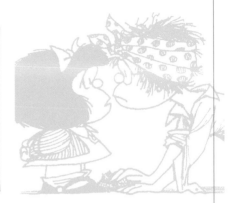

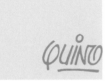

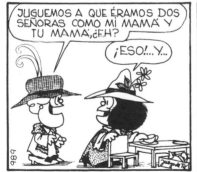

1844
¡SUNESCÁ'N! ¡¡DALÚNA BÚSO!!
¡SLAM!
¿Y ESO?
"ES UN ESCÁNDALO, UN ABUSO" EN DIALECTO DE MADRE VOLVIENDO DEL MERCADO
©QUINO

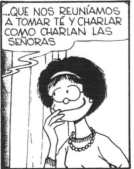

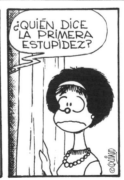

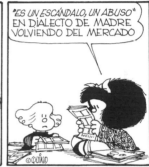

JUGUEMOS A QUE ÉRAMOS DOS SEÑORAS COMO MI MAMÁ Y TU MAMÁ, ¿EH?
¡ESO!... Y...
989
...QUE NOS REUNÍAMOS A TOMAR TÉ Y CHARLAR COMO CHARLAN LAS SEÑORAS
BUENO....
VEAMOS....
¿QUIÉN DICE LA PRIMERA ESTUPIDEZ?
©QUINO

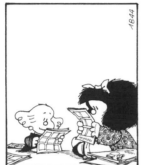

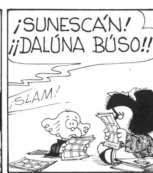

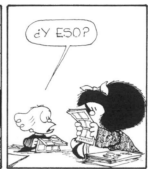

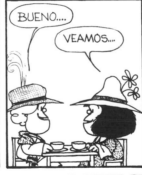

ME PREOCUPA MI MAMÁ
DICE QUE ESTÁ CANSADA DE FREGAR TODO EL DÍA EN LA CASA.
428
PERDÓN, MIGUELITO, ¿NO DIRÁ: "TODO EL SANTO DÍA"?
SÍ; ES VERDAD; DICE: "TODO EL SANTO DÍA" ¿CÓMO SABÉS?
BUENO, TENGO CIERTOS CONOCIMIENTOS SOBRE FOLKLORE MATERNO
©QUINO

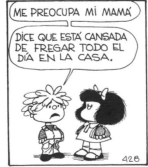

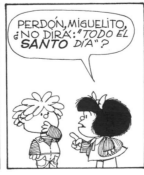

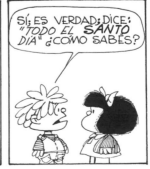

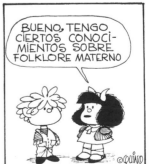

Mafalda

Papá

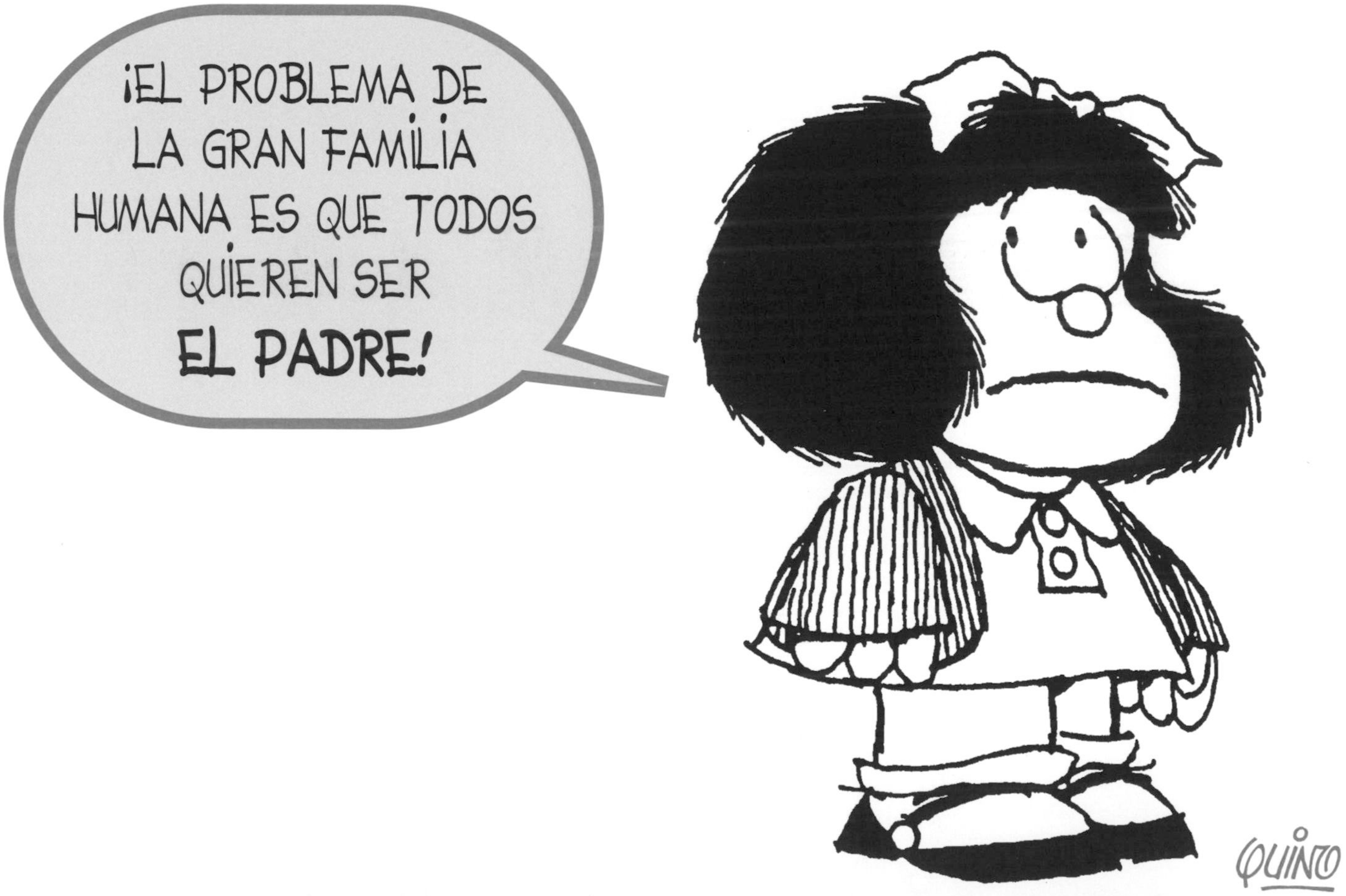
¡EL PROBLEMA DE LA GRAN FAMILIA HUMANA ES QUE TODOS QUIEREN SER **EL PADRE!**
QUINO

Mafalda
Papá

 ¡GIMNASIA!... ¡ESO ES LO MEJOR PARA NO SENTIRSE UN VEJETE ANQUILOSADO

 VEAMOS UNAS FLEXIONES

 ¡CRAC!

 ¿CRAC?

 "...QUIEN APLICÓ UN RECIO GOLPE DE PUÑO AL GUARDAVALLA, ANTE LA IMPASIBILIDAD DEL ÁRBITRO, QUE NO SANCIONÓ EL FOUL...."

 ¿CÓMO ALGUIEN PUEDE QUEDARSE IMPASIBLE ANTE UNA COSA ASÍ? ¡ES INDIGNANTE!

 "ES CADA VEZ MAYOR EL NÚMERO DE NIÑOS ABANDONADOS Y DESNUTRIDOS"

ES BUENO VER QUE TE PREOCUPA ALGO TAN IMPORTANTE, PAPÁ ¡TODO EL MUNDO DEBIERA SER COMO VOS!

 ¡EEEÉH, QUÉ FLAMANTE, EL AUTO!

 ¡ES MUY LINDO, LO FELICITO!

 GRACIAS, MIGUELITO, GRACIAS

No es fácil tener una hija que te recuerda el hambre en el mundo mientras estás mirando el partido de fútbol en la tele. Sin duda no es cosa de coser y cantar ser el padre de una persona inflexible como Mafalda. Menos mal que luego te trae una corbata de recambio, cuando acabas de mancharte la que llevas con la mantequilla del desayuno. Es normal que después no tengas ganas de afeitarte ese lado de la cara donde ella acaba de darte un beso.

Mafalda
Papá

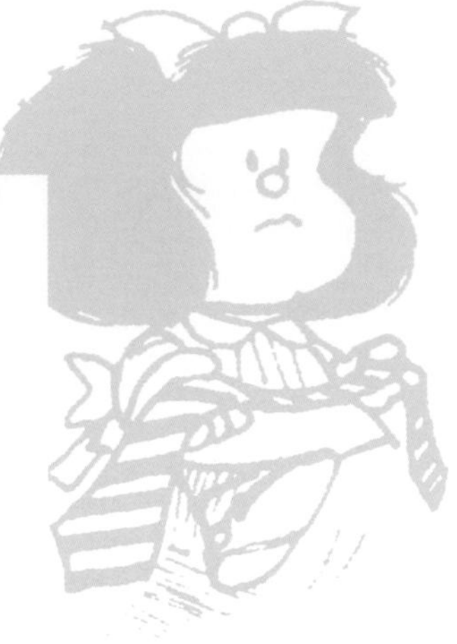

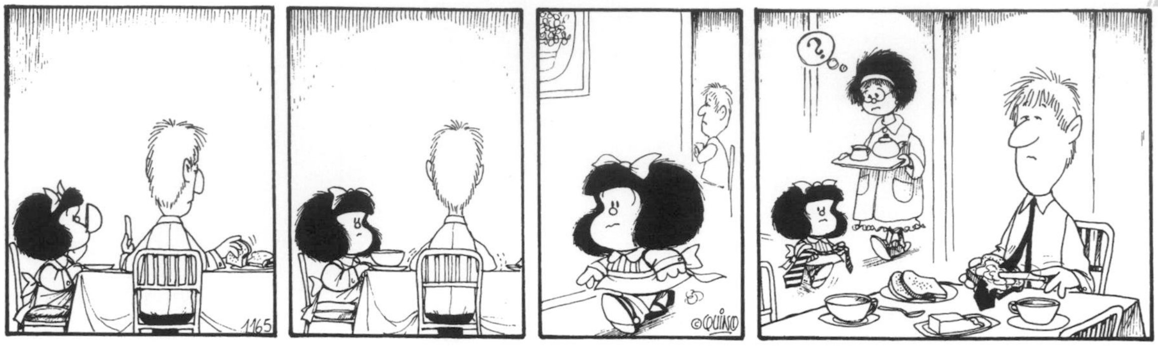
1165
©QUINO

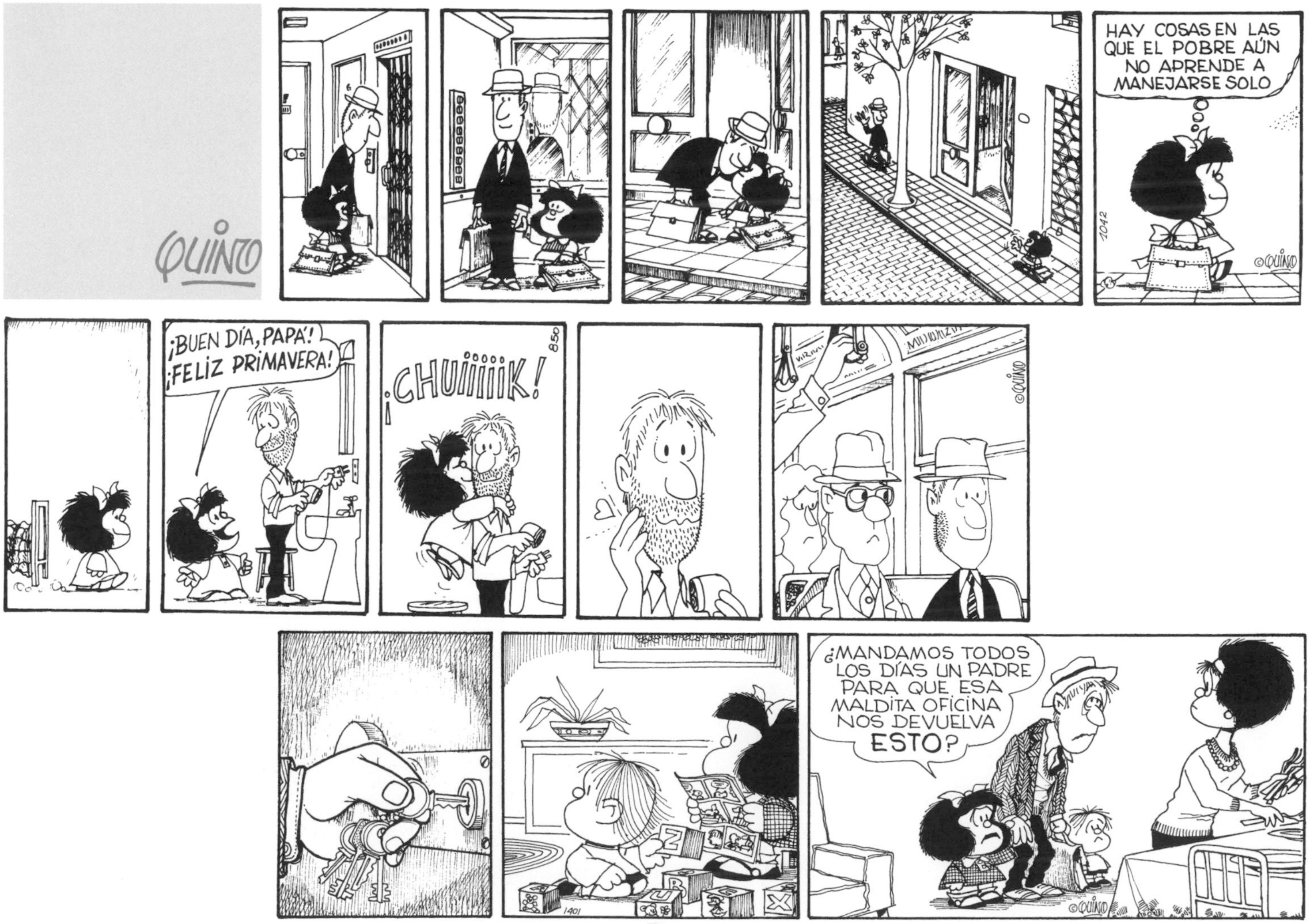
QUINO
HAY COSAS EN LAS QUE EL POBRE AÚN NO APRENDE A MANEJARSE SOLO
1042
©QUINO
¡BUEN DÍA, PAPÁ! ¡FELIZ PRIMAVERA!
¡CHUiiiiiK!
850
©QUINO
¿MANDAMOS TODOS LOS DÍAS UN PADRE PARA QUE ESA MALDITA OFICINA NOS DEVUELVA ESTO?
1401
©QUINO

QUINO

Los padres

Nombre y apellido Sólo papá para papá,
mamá o Raquel para mamá

Edad 37 años en 1967 papá,
obviamos (por educación)
la de mamá

Aman Se aman, aman a Mafalda
y a Guille, las plantas (él) y el
Nervocalm ambos

Odian El coste de la vida,
el final de mes, cocinar algo
que no sea sopa (ella)

Mafalda

Su nombre Es Mafalda

Su apellido No es que lo utilice
mucho, pero ya os lo
podéis imaginar

La edad 6 años en 1964

El sexo Femenino, con énfasis
en la contestación

Ama Los Beatles, la democracia,
los derechos de los niños, la paz
(y cambiando el orden de los
amores las cosas no cambian)

Odia La sopa (véase "derechos de
los niños"), las armas,
la guerra, James Bond

Guille

Su nombre Es Guillermo, Guille por comodidad de quien lo llama

Su apellido Véase Mafalda y familia

La edad Nació en 1968, que no es un año cualquiera

El sexo Varón, que rima con chicarrón

Ama Emborronar las paredes, el chupete *on the rocks*, pero sobre todo a Brigitte Bardot

Odia Todavía es pequeño, pero algo odiará tarde o temprano

Felipe

Su nombre Es Felipe

Su apellido No se conoce,
pero se supone

La edad 7 años en 1964

El sexo Masculino y apocado

Ama Los tebeos, al Llanero Solitario,
a Muriel (en secreto)

Odia La escuela y en consecuencia
levantarse temprano,
las obligaciones de los niños
(sobre todo las que se
llaman deberes)

Manolito

Su nombre Es Manuel, alias Manolito

Su apellido Es Goreiro

La edad 6 años en 1964

El sexo Masculino y comerciante

Ama La caja registradora,
los furgones de los bancos,
los balances, a Rockefeller

Odia Los libros no contables,
a los Beatles, a los hippies,
los descuentos, a Susanita

Libertad

Su nombre Es Libertad, con mayúscula,
como Libertad

Su apellido ¿Por qué no basta con el nombre?

La edad No es mucha, pero es
más de la que aparenta

El sexo Femenino, como la libertad,
inocente, como la libertad

Ama La cultura, la revolución,
las reivindicaciones

Odia A las personas complicadas.
¿Por qué no pueden ser
todos sencillos?

QUINO

Miguelito

Su nombre	Es Miguel, mejor Miguelito
Su apellido	Es Pitti
La edad	5 años en 1964
El sexo	Masculino y egoísta
Ama	A Miguelito, Miguelito, Miguelito, el jazz y los discursos abstractos inútiles
Odia	Pasar inadvertido, tener la edad que tiene

Susanita

Su nombre	Es Susana Clotilde, (con preferencia el diminutivo Susanita)
Su apellido	Es Chirusi
La edad	6 años en 1964
El sexo	Femenino y muy maternal
Ama	El matrimonio (mejor si es el suyo), los hijos (los suyos), el tren de vida (alto), quizá a Felipe
Odia	A los pobres, las ideas incómodas, los divorcios, a Manolito

QUINO

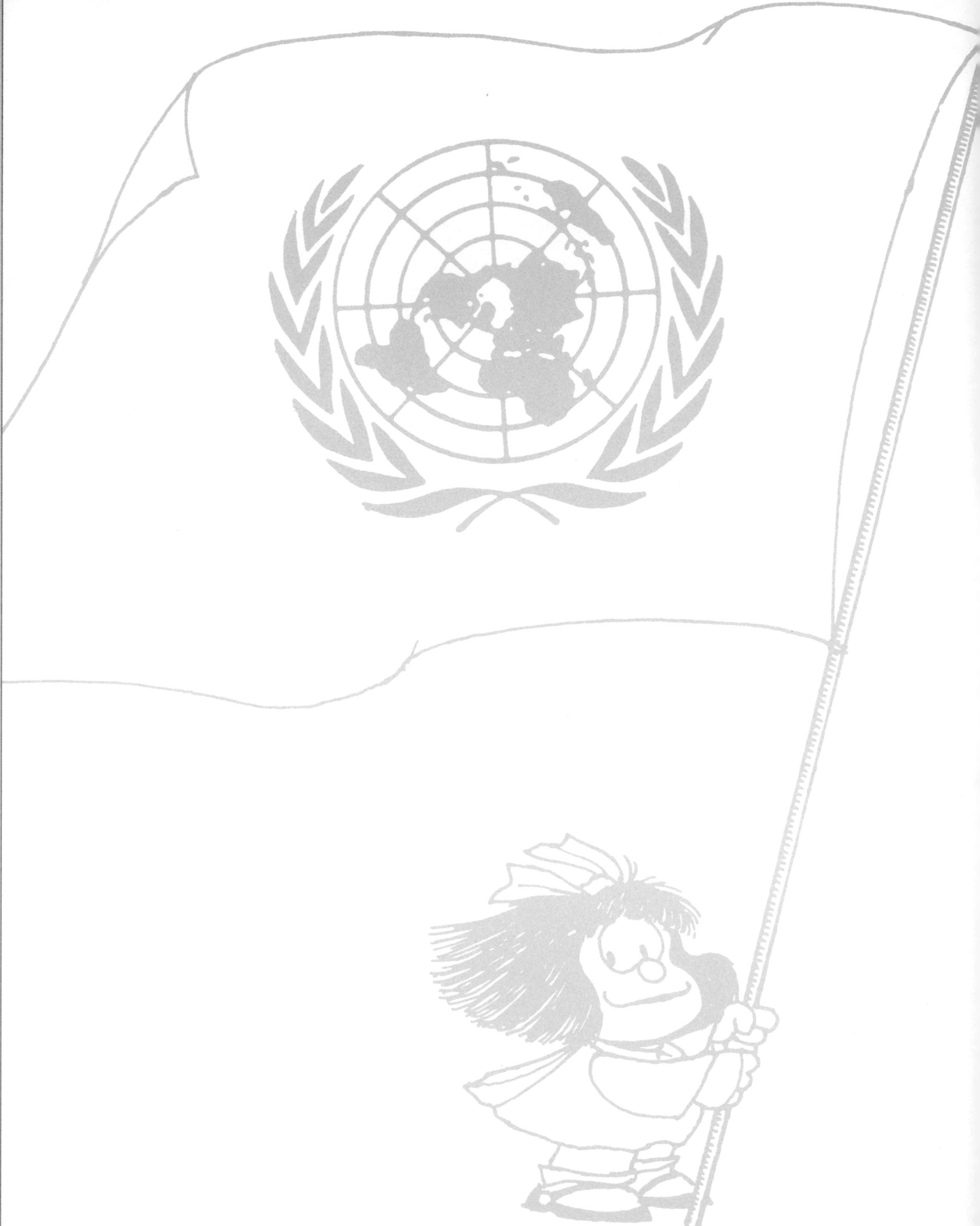

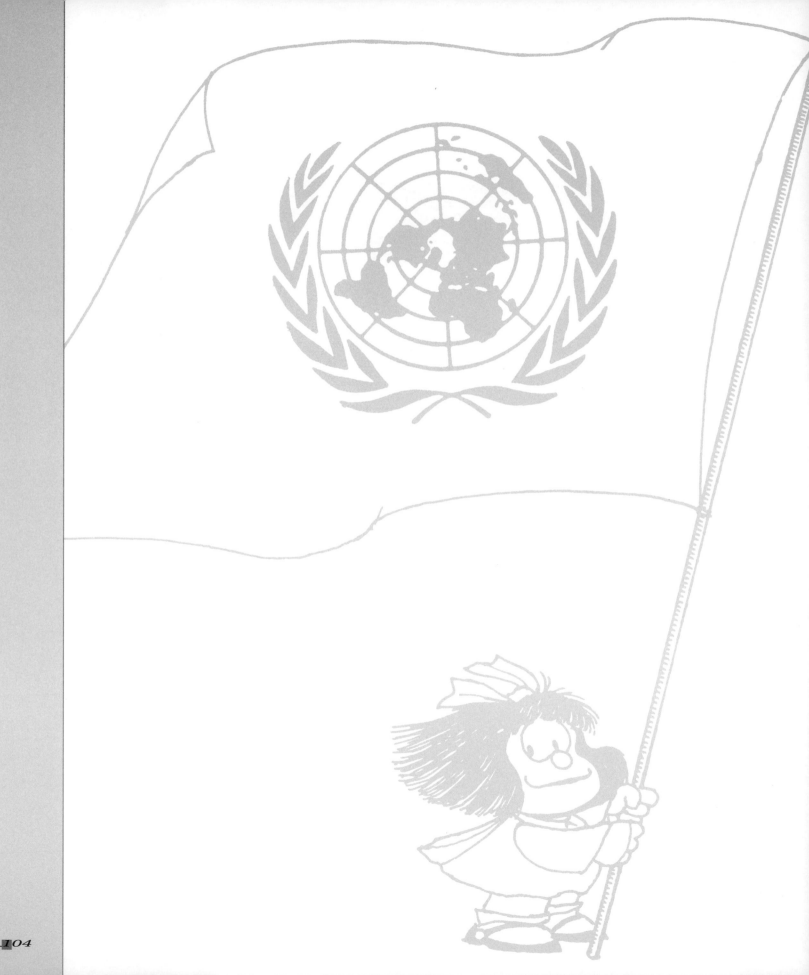

De viaje con Quino

Declaración de los Derechos del Niño

En 1977, con ocasión del Año Internacional del Niño, UNICEF pidió a Quino que ilustrara los diez principios de la Declaración de los Derechos del Niño. Quino cedió a UNICEF gratuitamente los derechos de las ilustraciones, que luego serían utilizados por las distintas comisiones nacionales para opúsculos y manifiestos.

1

El niño debe gozar de todos los derechos enunciados en la presente Declaración. Estos derechos deben ser reconocidos a todos los niños sin excepción, sin distinción o discriminación por raza, color, sexo, lengua, religión, opinión política o de otro género, de origen nacional o social, de patrimonio, de nacimiento o cualquier otra condición relativa al propio niño o a su familia.

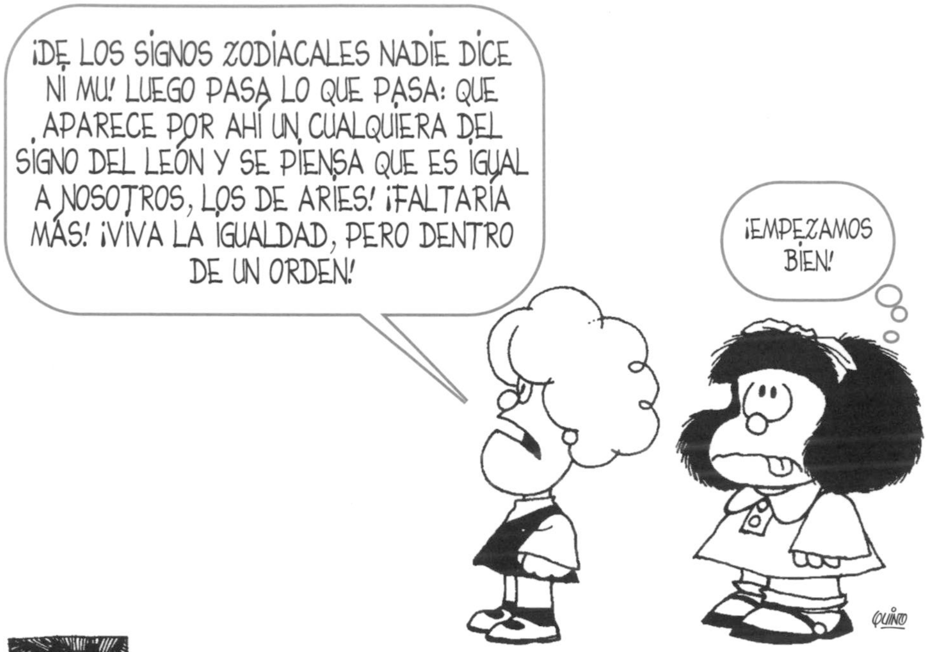
¡DE LOS SIGNOS ZODIACALES NADIE DICE NI MU! LUEGO PASA LO QUE PASA: QUE APARECE POR AHÍ UN CUALQUIERA DEL SIGNO DEL LEÓN Y SE PIENSA QUE ES IGUAL A NOSOTROS, LOS DE ARIES! ¡FALTARÍA MÁS! ¡VIVA LA IGUALDAD, PERO DENTRO DE UN ORDEN!
¡EMPEZAMOS BIEN!
QUINO

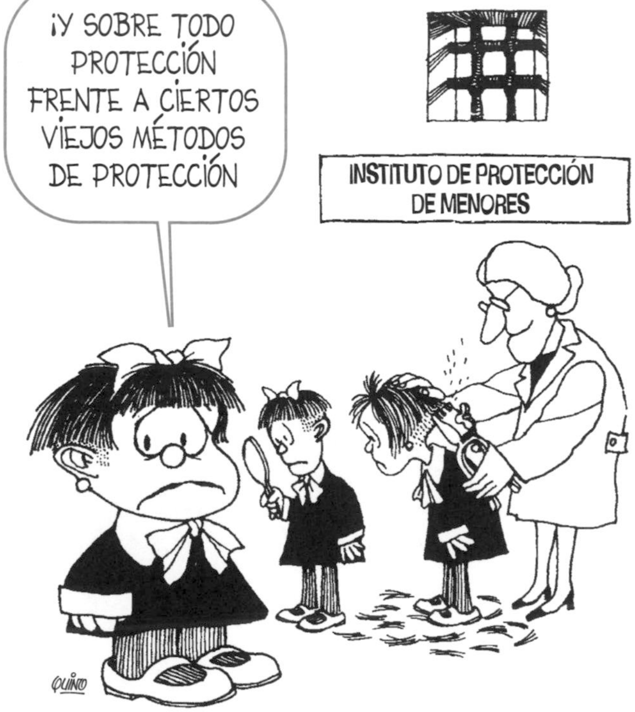
¡Y SOBRE TODO PROTECCIÓN FRENTE A CIERTOS VIEJOS MÉTODOS DE PROTECCIÓN
INSTITUTO DE PROTECCIÓN DE MENORES
QUINO

2

El niño debe gozar de una protección especial; las disposiciones legislativas u otras provisiones deben garantizarle posibilidades y facilidades para que pueda desarrollarse de una forma sana y normal física, intelectual, espiritual y socialmente, en condiciones de libertad y dignidad. En la aprobación de leyes relativas a este fin, el interés máximo del niño debe primar sobre otras consideraciones.

3

El niño tiene derecho, desde su nacimiento, a un nombre y a una ciudadanía.

¡PUES YO QUERÍA LLAMARME BATMAN Y ADEMÁS SER SUIZO PARA PONERME CIEGO DE CHOCOLATE!

4

El niño tiene derecho a la protección social. Para que pueda crecer y desarrollarse de una forma sana, debe garantizársele a él y a su madre ayuda y protección especial, y sobre todo una adecuada asistencia prenatal y posnatal. El niño tiene derecho a la alimentación, a una vivienda, al entretenimiento y a la atención médica que sea necesaria.

VENIMOS A POR LA VACUNA CONTRA EL DESPOTISMO, SI LE PARECE...

A MI MAMÁ LOS NIÑOS DISCAPACITADOS LE DAN MUCHA PENA... ¡DESPIERTAN EN ELLA UN AMOR TAN GRANDE QUE SU SENSIBILIDAD NO AGUANTA TENER QUE PENSAR QUE EXISTEN! POBRE MAMÁ...

¡ESO! EL MUNDO ESTÁ LLENO DE GENTE ASÍ DE SENSIBLE.

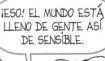

5

El niño física y socialmente disminuido o socialmente inadaptado tiene derecho al tratamiento, a la educación y a los cuidados especiales requeridos por su estado y su condición.

6

Para el desarrollo armónico de su personalidad, el niño necesita amor y comprensión. Siempre que sea posible, debe crecer bajo la custodia y la responsabilidad de los padres y, en cualquier caso, en un ambiente de afecto y de seguridad moral y material; en la primera infancia, salvo en casos excepcionales, no debe ser separado de la madre. La sociedad y las autoridades competentes tienen el deber de ocuparse, de forma especial, de los niños sin familia y de los que no tienen medios suficientes de subsistencia. Es recomendable que a las familias numerosas se les asignen ayudas estatales o de otra clase para el mantenimiento de los niños.

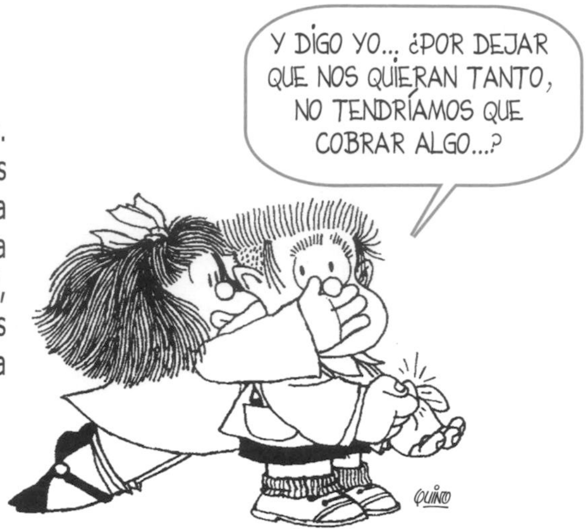
Y DIGO YO... ¿POR DEJAR QUE NOS QUIERAN TANTO, NO TENDRÍAMOS QUE COBRAR ALGO...?
QUINO

7

El niño tiene derecho a una educación que debe ser gratuita y obligatoria, al menos en los primeros años, y que debe contribuir a su formación general y a procurarle igualdad de posibilidades para que desarrolle sus dotes, su espíritu crítico, la conciencia de las responsabilidades morales y sociales y le permita convertirse en un miembro útil de la sociedad. El interés máximo del niño debe ser la guía de los que tienen la responsabilidad de su educación y su orientación; esta responsabilidad recae en primer lugar en los padres. El niño debe tener la posibilidad de dedicarse a jugar y a realizar actividades recreativas orientadas hacia los fines que persigue la educación; la sociedad y las autoridades competentes deben esforzarse por facilitar el disfrute de este derecho.

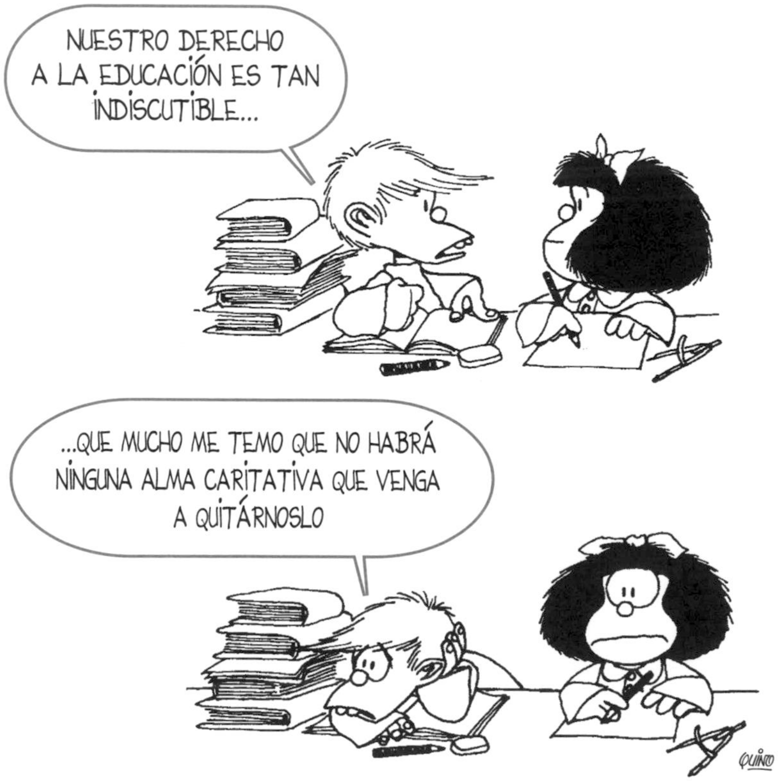
NUESTRO DERECHO A LA EDUCACIÓN ES TAN INDISCUTIBLE...
...QUE MUCHO ME TEMO QUE NO HABRÁ NINGUNA ALMA CARITATIVA QUE VENGA A QUITÁRNOSLO
QUINO

8

El niño debe estar siempre entre los primeros a la hora de recibir protección y auxilio.

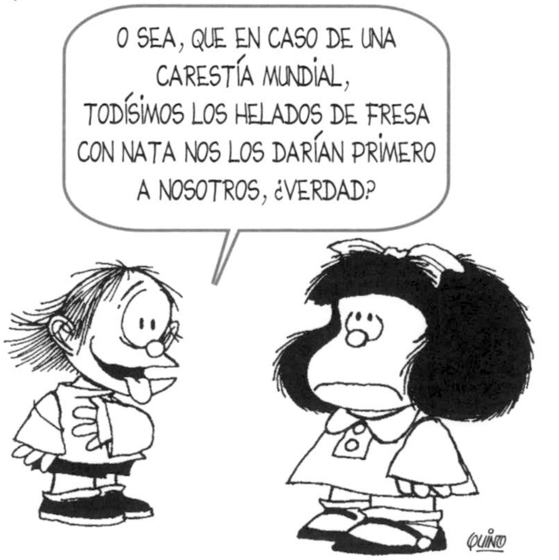
O SEA, QUE EN CASO DE UNA CARESTÍA MUNDIAL, TODÍSIMOS LOS HELADOS DE FRESA CON NATA NOS LOS DARÍAN PRIMERO A NOSOTROS, ¿VERDAD?
QUINO

9

El niño debe estar protegido contra cualquier forma de negligencia, crueldad y explotación. No debe ser objeto de comercio, bajo ninguna forma. El niño no debe ser admitido en el mercado laboral si no ha alcanzado una edad mínima adecuada; en ningún caso debe ser obligado o autorizado a aceptar un trabajo o un empleo que perjudique su salud o su educación, o que obstaculice su desarrollo físico, mental o moral.

TOTAL, ESO YA NOS LLEGARÁ CUANDO SEAMOS MAYORES...
QUINO

¡OJO! QUE ESOS DERECHOS HAY QUE TOMÁRSELOS EN SERIO... ¡NO VAYA A PASAR LO MISMO QUE CON LOS DIEZ MANDAMIENTOS!
QUINO

10

El niño debe ser protegido de comportamientos o influencias que puedan inducirlo a cualquier forma de discriminación racial, religiosa o de otra clase. Debe ser educado con un espíritu de comprensión, de tolerancia, de amistad entre todos los pueblos, de paz, y de fraternidad universal y con la conciencia de que deberá poner la propia energía y talento al servicio de sus semejantes.

Bibliografía

Álbumes | **Quino Imagen**

Bien, gracias y usted

La buena mesa

¡Cuánta bondad!

Déjenme inventar

Esto no es todo

Gente en su sitio

Humano se nace

Mundo Quino

Ni arte ni parte

Potentes, prepotentes e impotentes

¡Qué mala es la gente!

Quinoterapia

Sí... cariño

Yo no fui

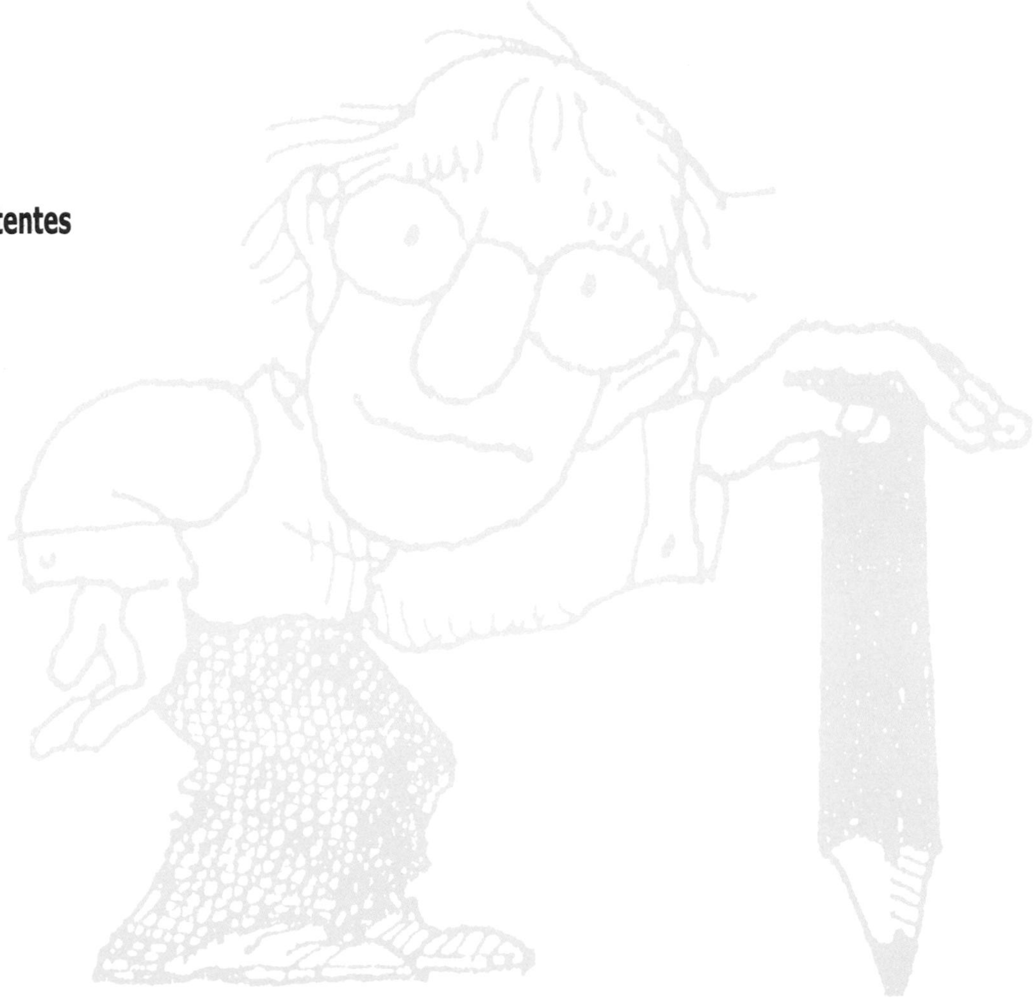

Álbumes | **Mafalda**

10 años con Mafalda

Mafalda

Mafalda 1

Mafalda 2

Mafalda 3

Mafalda 4

Mafalda 5

Mafalda 6

Mafalda 7

Mafalda 8

Mafalda 9

Mafalda 10

Mafalda inédita

Todo Mafalda ampliado

Tot Mafalda